SCHLEIERMACHER'S PHILOSOPHY AND THE PHILOSOPHICAL TRADITION

Edited by
Sergio Sorrentino

Schleiermacher: Studies-and-Translations
Volume 11

The Edwin Mellen Press
Lewiston/Queenston/Lampeter

Library of Congress Cataloging-in-Publication Data

Schleiermacher's philosophy and the philosophical tradition / edited by Sergio Sorrentino.
      p.   cm. -- (Schleiermacher studies and translations ; v. 11)
  Papers presented at a "meeting which took place at Salerno University and at "Suor Orsola Benincasa" Institute (Naples), from November 29 to December 1, 1988."
  Includes bibliographical references.
  ISBN 0-7734-9168-6
  1. Schleiermacher, Friedrich, 1768-1834--Congresses.
2. Philosophy, Modern--18th century--Congresses. 3. Philosophy, Modern--19th century--Congresses. I. Sorrentino, Sergio.
II. Series.
B3097.S35 1992
193--dc20   92-29515
                                                                       CIP

In-house-editor: Ruth Drucilla Richardson.

This is volume 11 in the continuing series
Schleiermacher: Studies-and-Translations.
Volume 11 ISBN 0-7734-9168-6
SST Series ISBN 0-88946-362-X

A CIP catalog record for this book
is available from the British Library.

Copyright © 1992 The Edwin Mellen Press.

All rights reserved. For information contact

The Edwin Mellen Press	The Edwin Mellen Press
Box 450	Box 67
Lewiston, New York	Queenston, Ontario
USA 14092	CANADA L0S 1L0

Edwin Mellen Press, Ltd.
Lampeter, Dyfed, Wales
UNITED KINGDOM SA48 7DY

Printed in the United States of America

TABLE OF CONTENTS

Preface: (Sergio Sorrentino and Vincenzo Vitiello)	i
Introduction: Zehn Thesen über Schleiermacher heute (Michael Theunissen)	iii
EILERT HERMS: Platonismus und Aristotelismus in Schleiermachers Ethik	3
GÜNTER MECKENSTOCK: Schleiermachers Auseinandersetzung mit Fichte	27
GIOVANNI MORETTO: The Problem of the Religious in the Philosophical Perspectives of Fichte and Schleiermacher	47
HERMANN PATSCH: Der "Erdgeist" als philosophischer Topos bei Friedrich Schlegel, Schleiermacher, Schelling und Hegel	75
GUNTER SCHOLTZ: Schleiermacher und die historische Rechtsschule	91
SERGIO SORRENTINO: History and Temporality in the Debate Between F.Ch. Baur and Schleiermacher	111
VINCENZO VITIELLO: The Otherness of God: Schleiermacher and Barth	133

PREFACE

Schleiermacher's philosophy is almost forgotten in research. However, it is essential part of his way of thinking and understanding. Schleiermacher's basic orientation in the field of theology or his comprehension of religious experience cannot be grasped unless we understand his efforts to achieve a philosophical vision of life and the world. Dialectics and ethics, hermeneutics and the philosophy of human history are general presuppositions of his thinking, even though he was perfectly aware that theology is fully independent in its constitution, i.e., it does not depend on a philosophical system, nor is it derived from philosophical premises.

Schleiermacher's articulation of his own philosophy in the age of Idealism, indeed at the apex of German philosophical culture (the "Classical age of German philosophy"), shows two main features. (1) It is ruled by exigencies proceeding from the attempt to understand religion as *experience* and to give strong *scientific* shape to theological discourse. (2) It originated through an intensive *dialogue* with the whole philosophical tradition, in its main peaks, from Plato to Kant.

Both of these were themes at a memorable meeting, which took place at Salerno University and at "Suor Orsola Benincasa" Institut (Naples), from November 29 to December 1, 1988. There many Italian and German scholars, most of whom were philosophers, approached and discussed Schleiermacher's concern with philosophy from the viewpoint of his confrontation with philosophical debate not only of the past but also of Schleiermacher's present and of the future – the future in which we now stand in relation to him.

The contributions set forth in this volume are the chief tracks that served to stimulate discussion at the meeting. They are published here with the aim of sparking further discussion and inspiring interest in Schleiermacher's philosophy. It is a sign of the times too that international dialogue in Schleiermacher research is able to effect powerful impulses that could help the contemporary philosophical debate in facing its difficult tasks on the threshold of the third millennium.

Sergio Sorrentino
Vincenzo Vitiello
Naples, Italy
December 1990

ZEHN THESEN ÜBER SCHLEIERMACHER HEUTE

Michael Theunissen – Berlin

1. Schleiermacher ist, ungeachtet seines Insistierens auf Unmittelbarkeit, ebensosehr Vermittlungsdenker wie sein Antipode Hegel. Nur zielt er auf Vermittlung vom Standpunkt des Christentums, nicht wie Hegel vom Standpunkt der Philosophie. Darin liegt das Wagnis seines Denkens. Denn Vermittlung ist eine philosophische, keine christliche Kategorie.

2. Schleiermachers Theologie zielt darauf ab, erstens Religion mit der profanen Alltagswelt, zweitens das Christentum mit den außerchristlichen Religionen, drittens den Protestantismus mit dem Katholizismus zu vermitteln.

3. Zukunft hat die Theologie Schleiermachers für ein postprotestantisches Christentum, das den Katholizismus in sich aufnimmt, für eine "abrahamische Ökumene" (H. Küng), die zum Frieden zwischen Christen, Juden und Moslems beiträgt, sowie als Korrektiv gegen die aller Religion einwohnende Tendenz, sich als eigenen Bezirk zu etablieren.

4. Aber die in den drei Hinsichten zu leistenden Vermittlungen sind deshalb noch Aufgaben, weil sie in der Realität seit Schleiermacher kaum einen Schritt vorangekommen sind. Schleiermacher konnte sie auch nicht vorantreiben, weil sie in seinem Denken mehr oder weniger leere Intentionen blieben.

5. Von der Realität widerlegt wurde vor allem die im Zentrum seiner Vermittlungsbestrebungen stehende Behauptung, Religion sei eine notwendige Bedingung der Möglichkeit von Wissen und Handeln. Wo heute Religion in die profane Welt eindringt, da als Terror der Fundamentalisten. Durchdringen kann sie die Welt nur um den Preis ihres Selbstverlustes, dadurch, daß sie diffus wird. Der diffusen Religiosität von heute steht auf seiten des bestimmten Glaubens eine wachsende Tendenz zur (Selbst-)Ghettoisierung gegenüber.

6. Die Theologie Schleiermachers hat die diffuse Religiosität von heute selbst mit verschuldet, sofern sie einen vagen Religionsbegriff zugrunde

legt, der die inhaltlichen Unterschiede zwischen den besonderen Religionsformen einebnet. Die frühen Reden über die Religion haben mit deren Begriff als Anschauung des Universums der späteren Besinnung auf die Eigenart des christlichen Glaubens ein Erbe vermacht, das die Bemühungen um eine Vermittlung vom Standpunkt des Christentums untragbar belastet.

7. Die Theologie Schleiermachers verdankt ihre gegenwärtige Konjunktur nicht zuletzt der Abkehr vom Offenbarungspositivismus einer radikalprotestantischen Theologie im Stile Karl Barths. Aber Barth behält gegen Schleiermacher darin recht, daß eine auf einen Begriff von Religion überhaupt gegründete Theologie das geheime Machtstreben in der religiösen Selbstvergewisserung des Menschen unterschätzt. In seiner Arglosigkeit gegenüber dem ideologischen Schein, den Religion erzeugen kann, ist Schleiermacher in der Tat ein Schleier-macher.

8. Gerade auch die theologische Relevanz Schleiermachers liegt in seiner Philosophie, nicht in seiner Theologie. Seine Philosophie muß allerdings, soll sie ihre Relevanz zu erkennen geben, aus ihrer bloß prätendierten Einheit mit der Theologie herausgelöst werden.

9. Die Philosophie Schleiermachers erfüllt wenigstens einen Teil der Vermittlungsaufgaben, denen seine Theologie nicht gewachsen ist, indem sie zum einen Wahrheit mit Geschichtlichkeit und zum andern Dialektik mit Dialogik vermittelt und diese Vermittlungen auch wirklich durchreflektiert. In beiden Beziehungen kann sie ins Fundament einlassen, was bei Hegel bloß beiherspielt. Schleiermacher nimmt Geschichtlichkeit ernster als Hegel, sofern er Kontingenzerfahrungen unreduziert anerkennt; und er entdeckt Dialogik im Herzen der Dialektik selbst, weil er sie, anders als Hegel, von vornherein aus dem Gespräch entwickelt.

10. Die dialogische Dialektik Schleiermachers ist aus dem Geiste Platons geschaffen. Seine innerphilosophische Bedeutung besteht vornehmlich darin, daß er in Auseinandersetzung mit Platon mitten im Idealismus nachidealistisches Denken auf den Weg gebracht hat. Darin ist er den Platonikern Schelling und Schopenhauer verwandt. Aber ihnen hat er eine Hermeneutik voraus, die mit Dialektik in der Sprache als Gespräch vereint ist. Alle sachhaltige Philosophie bewegt sich heute, bewußt oder bewußtlos, auf eine solche Hermeneutik hin. Ihr hat Schleiermacher das Ziel vorgegeben.

SCHLEIERMACHER'S PHILOSOPHY AND
THE PHILOSOPHICAL TRADITION

PLATONISMUS UND ARISTOTELISMUS IN SCHLEIERMACHERS ETHIK

Eilert Herms – Mainz

Schleiermacher hat dem alten hermeneutischen Grundsatz, daß es beim Verstehen einer sprachlichen Äußerung auf die Erfassung der *intentio auctoris* ankomme, in seiner eigenen Hermeneutik eine bestimmtere Fassung gegeben durch das Programm der "psychologischen Interpretation"[1]. Gemeint ist damit der Versuch, dasjenige individuelle symbolisierende Handeln im Kontext und unter den Bedingungen des für eine geschichtliche Gemeinschaft gegebenen Sprachsystems zu rekonstruieren, dessen Resultat der jeweils vorliegende Text ist. Dieser ist verstanden, wenn er begriffen ist; begriffen als Darstellung der Einsichten seines Urhebers und insofern als Produkt von dessen symbolisierender Tätigkeit. Dabei muß diese als eine Tätigkeit mit zwei Leistungen in Rechnung gestellt werden: erstens als die Tätigkeit, durch welche der Verfasser eines Textes zu seinen Einsichten gekommen ist[2]; und zweitens als die Tätigkeit, der sich die Darstellung dieser Einsicht verdankt.

Dieses hermeneutische Programm ist auf die von Schleiermacher hinterlassenen Texte selbst anzuwenden. Ob diese in einem Sinnzusammenhang stehen und gegebenenfalls in welchem, ob sie eine "systematische Einheit" bilden, das alles kann man nur entscheiden durch Rückfrage nach demjenigen Zusammenhang symbolisierenden Handelns, dem sich sowohl die in ihnen artikulierten Einsichten als auch deren Darstellung verdanken. Wobei der methodisch kontrollierte Verständnisfortschritt verlangt, daß diese Rückfrage in geduldiger Detailarbeit an die einzelnen Textkomplexe gestellt wird, in denen sich Schleiermachers Lebensarbeit dokumentiert.

Im folgenden möchte ich einen Beitrag zu dieser Detailarbeit leisten, sofern sie das genauere Verständnis von Schleiermachers Texten zur Ethik anstrebt; insbesondere Einblick in die *Genese der ethischen Einsichten*, die dort niedergelegt sind.

---

1. Vgl. F.D.E. Schleiermacher, *Hermeneutik. Nach den Handschriften neu herausgegeben*, (Hg. H. Kimmerle), Heidelberg 1959, 34, 109, 117, 163, 165.

2. Dabei reicht es aus, die Aktivität des Subjekts als eine *notwendige* Bedingung für die Konstitution seiner Einsichten in Anschlag zu bringen. Sie muß nicht unbedingt als selbst schon die hinreichende Bedingung gedacht werden.

Dabei können zunächst eine Reihe von grundlegenden Sachverhalten als schwer zu bestreiten und daher auch allgemein zugestanden vorausgesetzt werden. Erstens die Tatsache, daß Schleiermachers ethische Grundeinsichten das Resultat sind einer kritischen, auf Prüfung und Aneignung der Sache gehenden Lektüre maßgeblicher Dokumente des Ethikdiskurses europäischer Philosophie (von der Antike bis in die Gegenwart). Zweitens, daß sich diese sachkritische Lektüre – wie die jetzt vollständig edierten Jugendschriften beweisen – kontinuierlich bis in die Studienzeit zurückerstreckt. Und drittens, daß für die Etablierung der Grundeinsichten Schleiermachers zur Ethik, von denen seine eigene konstruktive Arbeit ihren Ausgang nimmt, die Interferenz der Ergebnisse aus der Lektüre von fünf bzw. sechs Autoren (bzw. Autorengruppen) entscheidend geworden sind[3]. Diese sind (in historischer Reihung): Plato, Aristoteles, die Stoa; sowie aus der Neuzeit Spinoza, Kant und Fichte.

Bisher hat sich die Forschung überwiegend mit der Bedeutung der Lektüre von Kant, Fichte und darüber hinaus Schelling für die Genese von Schleiermachers Grundeinsichten beschäftigt. Das entspricht der Stellung, die Schleiermacher in der Geschichte der christlichen Theologie einnimmt als derjenige Autor, der eine epochemachende Theorie des christlichen Glaubens unter den Bedingungen des transzendentalphilosophischen Kritizismus entwickelt hat. Aber gleichzeitig hat diese Konzentration auf das Verhältnis Schleiermachers zu den Häuptern der Transzendentalphilosophie regelmäßig das Bild eines Rezipienten dieser Philosophie entstehen lassen, welches die Frage aufwirft und nicht zu entscheiden erlaubt, *wie* er diese rezipierte Philosophie verstanden habe, *ob* er sie *richtig* verstanden habe und *ob* bzw. *welche* berechtigten *Umbauten* er an ihr vorgenommen habe. Das einzige sichere Ergebnis aller dieser Bemühungen ist, *daß* Schleiermacher jedenfalls *nicht* einfach wie Kant, Fichte, Schelling, geschweige denn Hegel gedacht hat. Offen aber ist nach wie vor die Frage, *wie* er selbst nun gedacht hat.

---

3. Die Art dieser Interferenz und vor allem der sie leitende systematische Zentralgedanke der Einheit von Sein und Erkennen im "unmittelbaren Selbstbewußtsein" ist durch Anregungen und Einsichten geprägt, die über den Kreis der unten genannten Autoren hinausgehen. Daß die Entwicklung dieser Grundeinsicht, die das System trägt, ebenfalls in die Studienzeit Schleiermachers zurückreicht und daß dafür Gedanken aus Schriften F.H. Jacobis grundlegend sind, habe ich in meiner Schrift *Herkunft, Entfaltung und erste Gestalt des Systems der Wissenschaften bei Schleiermacher*, Gütersloh 1974, zu zeigen versucht. Ich sehe nicht, daß die inzwischen erheblich verbesserte Quellenlage eine Retraktation dieses Ergebnisses verlangt; vgl. G. Meckenstock, *Deterministische Ethik und kritische Theologie. Die Auseinandersetzung des Frühen Schleiermacher mit Kant und Spinoza 1789-1794*, Berlin/New York 1988.

Platonismus und Aristotelismus in Schleiermachers Ethik 5

Jede Antwort auf diese Verständnisfrage[4] setzt nun jedenfalls voraus, daß überhaupt nach dem *eigenen* Denkweg Schleiermachers gefragt wird. Und dabei muß in Rechnung gestellt werden, daß auf den Verlauf dieses Weges vor und neben den Vertretern des Kritizismus Autoren der klassischen Tradition einen *maßgeblichen* und *bleibenden* Einfluß genommen haben. Nichts anderes als einen Hinweis auf diesen grundlegenden und bleibenden, bis in die reife Schaffenszeit dauernden Einfluß von Schleiermachers Plato- und Aristoteleslektüre für seine ethische Theorie möchte ich im folgenden geben.

Die Resultate des Studiums dieser beiden Autoren sind zunächst in einer Reihe von Texten aus der Frühzeit faßbar. Dazu kommen dann als die entscheidende Rechenschaft über den Ertrag der Platolektüre die kommentierenden Einleitungen, die Schleiermacher zu den einzelnen Stücken seiner deutschen Platoausgabe geschrieben hat, zunächst in ihrer zweiteiligen Gestalt aus den Jahren 1804-1809 und dann – um bedeutende Texte vermehrt[5] – in der dreiteiligen Ausgabe von 1817-1828. Diese Textmasse ist in der Schleiermacherforschung bisher fast ganz unberücksichtigt geblieben.

Aber wir besitzen nicht nur diese Dokumente über das *objektive Resultat* von Schleiermachers Studium der antiken Klassiker, sondern auch sein Selbstzeugnis über die *bleibende Bedeutung*, die diese Studienresultate für seine eigene ethische Einsicht gewonnen haben. Und zwar in Schleiermachers wissenschaftlichem Erstling, den *Grundlinien einer Kritik der bisherigen Sittenlehre* von 1803. Hier trägt Schleiermacher bekanntlich eine Kritik der bisherigen Ethik (Sittenlehre), soweit sie explizit oder implizit wissenschaftlichen und systematischen Anspruch erhebt, am Maßstab des Begriffes ihrer *sachgemäßen Form*[6] vor; mit der ausdrücklichen Erklärung, daß diese Kritik – und vor allem ihr Maßstab, also der Begriff der sachgemäßen systematischen Form jeder möglichen Ethik – der eigenen positiven Darstellung des Systems als deren Ausgangspunkt vorausgeschickt werde[7]. Tatsächlich hat Schleiermacher dann auch alle späteren Versuche, sein System der Ethik positiv darzustellen, genau an diesem Begriff ihrer

---

4. Daß das Verhältnis zu Schleiermacher sich am *Verstehen* des Autors entscheidet, hat Karl Barth in seiner letzten Äußerung zur Sache eindrucksvoll unterstrichen; vgl. ders., Nachwort zur *Schleiermacher-Auswahl*, (Hg. H. Bolli), München-Hamburg 1968.
5. Dazu zählt insbesondere die Einleitung zur *Politeia*, in *Platons Werke, übers. und eingel. von F.D.E. Schleiermacher*, 2. Aufl., 3 Theile in 6 Bänden, Berlin 1817-1828, Bd. III, 3-72.
6. *Grundlinien einer Kritik der bisherigen Sittenlehre* (1803), in F. Schleiermacher, *Sämtliche Werke*, Abt.III, Bd. 1, Berlin 1846 (im folgenden: GKS), 8f.
7. GKS 3f.

sachgemäßen Form orientiert, den er schon 1803 seiner Kritik der bisherigen Sittenlehre zugrunde gelegt hatte.

Woher stammt dieser Begriff? Jedenfalls aus der sachkritischen Lektüre genau der Autoren, die in jenem Werk als Gegenstände der Kritik vorgeführt werden. Nun ist es ein ganz auffallender Tatbestand, daß dabei nur zwei Autoren, aber diese auch durchgehend und ausnahmslos, mit positiven Noten versehen werden: Plato und Spinoza. Diese beiden sind die einzigen, bei denen Schleiermacher alle Anforderungen, die der Begriff der sachgemäßen Form der Ethik stellt, erfüllt sieht. Das heißt dann aber nichts anderes als: Genau diese Autoren sind es, deren sachkritische Lektüre Schleiermacher – im Kontext seiner Lektüre aller anderen studierten Autoren – zuerst auf den für ihn maßgeblichen Begriff von der sachgemäßen Form der Ethik geführt hat.

Daher möchte ich – in der angekündigten Beschränkung auf die antiken Autoren – hier zunächst vorführen, *welche* Züge der platonischen Ethik von Schleiermacher als mit seinem Begriff von der sachgemäßen Form der Ethik konkordant vorgestellt werden und insofern auch als für ihn konstitutiv gelten müssen. Aber unbeschadet dieser durchgehenden und uneingeschränkten Zustimmung zu Platos Konzeption der *Form* der wissenschaftlichen Ethik hat sich Schleiermacher im Fortgang seiner Platostudien schließlich doch zu einer dezidierten Kritik an *inhaltlichen* Bestimmungen der Sittlichkeit bei Plato genötigt gesehen. Diese Kritik tritt mit unverhohlener Schärfe in der Einleitung zur *Politeia* hervor. Damit werde ich mich im zweiten Teil meines Referats beschäftigen. Dann kann im dritten Teil gezeigt werden, daß diese inhaltliche Platokritik genau die Stelle bezeichnet, an der Schleiermachers eigene inhaltliche Bestimmung des Sittlichen de facto Grundeinsichten der praktischen Philosophie des Aristoteles aufgreift; und daß also die durchgehende negative Kritik, die dieser Autor 1803 erfährt, tatsächlich *nur* Mängel der Form betrifft und nicht ausschließt, daß Schleiermacher sich an die inhaltlichen Bestimmungen des "Sittlichen" bei Aristoteles unter Umständen genauer anschließen konnte als an die platonischen.

Diesen drei Abschnitten schicke ich zwei grundlegende Beobachtungen zum Verhältnis zwischen Schleiermachers Nähe zu den transzendentalphilosophischen Autoren einerseits und seiner Nähe zu den antiken Autoren andererseits voraus. Also zwei Beobachtungen darüber, inwiefern einerseits Schleiermachers Aneignung von Gesichtspunkten der antiken Ethik durch ein transzendentalphilosophisches Vorzeichen gebrochen ist, inwiefern ihn aber zugleich andererseits die Anerkennung eines Grundsatzes der antiken Ethik schroff von den zeitgenössischen Vertretern der Transzendentalphilosophie scheidet.

I.

1. Dies transzendentalphilosophische Vorzeichen vor Schleiermachers Aneignung von Einsichten der antiken – und zunächst einmal der platonischen – Ethik wird sichtbar im Zusammenhang der Frage, wie es in der bisherigen Sittenlehre mit deren systematischer Verortung im System des Wissens insgesamt bestellt sei. Befriedigend kann diese Aufgabe nur unter der Voraussetzung gelöst sein, daß der Begriff der Ethik (Sittenlehre) als Begriff eines besonderen Gebietes von möglichem Wissen aus dem Begriff der Gesamtsphäre des möglichen Wissens überhaupt abgeleitet ist; was wiederum den Begriff, das ausgearbeitete Wissen von dieser Möglichkeitssphäre allen denkbaren Wissens voraussetzt.

Schleiermacher konzediert nun zwar den Alten, daß sie mit Logik (bzw. Dialektik), Physik und Ethik wohl die konstitutiven Glieder des Systems allen möglichen Wissens gefunden hätten[8]; ebenso, daß sie die Einheitlichkeit des Zusammenhangs dieser Glieder insoweit durchschaut hätten, als er in der wechselseitigen Subsumierbarkeit von jeweils zwei Gliedern dieser Trias unter das dritte manifest wird[9]; "nicht aber, daß sie damit auch schon die Trias als solche, also die Differenz zwischen den drei Gliedern aus ihrem einheitlichen Grunde (eben der Verfassung der Möglichkeitssphäre von Wissen überhaupt, E.H.) abgeleitet hätten"[10]. Allenfalls könne man zugeben, daß Plato in den Dialogen seiner mittleren Phase und in den Spätwerken auf diese Möglichkeitsbedingungen von allem Wissen überhaupt indirekt hinweise; nämlich auf die Einheit von Begriff und Wahrnehmung im Erkennen[11], auf die Mischung von Veränderlichem und Unveränderlichem im Seienden und letztlich – wiederum als Fundament dafür – auf die lebendige Einheit von Sein und Erkennen überhaupt[12].

Worin besteht nun über diese Andeutungen hinaus tatsächlich der Begriff dieser ursprünglichen Einheit von Sein und Erkennen, also der Begriff der einheitlichen Möglichkeitsbedingung allen Wissens? Im Begriff des *unmittelbaren Selbstbewußtseins*, wie es Schleiermacher Anfang der 90er Jahre in den Blick gekommen war[13], ihm seitdem ununterbrochen als die einheitliche Grundkondition für alles mögliche Wissen vorschwebte und in

---

8. GKS 19.
9. Ibid.
10. Ibid.
11. P I/2, 105; II/1, 7; II/2, 127.
12. Zum Ganzen vgl. schon GKS 35. Hier wird noch weiter zurückgegriffen auf das Fundament dieser Einheit von Sein und Erkennen: nämlich auf das diese Einheit des Unterschiedenen setzende Absolute.
13. Vgl. die oben Anm. 4 genannte Arbeit S.136.

Ausdrücken wie "Gefühl"[14], "unmittelbares Selbstbewußtsein"[15] oder auch einfach "Selbstbewußtsein"[16] schon in der Frühzeit zur Sprache gebracht wurde. Auch wenn Schleiermacher diese Einsicht in das unmittelbare Selbstbewußtsein als Bedingung der Möglichkeit allen Wissens überhaupt nicht aus der Transzendentalphilosophie Kants und seiner Schüler gewonnen und übernommen hat[17], so verbindet sie ihn doch mit dieser zeitgenössischen Philosophie. Und zugleich trennt sie ihn von den alten, die – wie Schleiermacher ausdrücklich konstatiert[18] – diese erst der neueren Zeit eigentümliche Erkenntnis vielleicht geahnt, aber jedenfalls nicht in klarer begrifflicher Form besessen haben.

Bemerkenswert ist freilich, wie Schleiermacher diesen epistemologischen Fortschritt der neueren Zeit hinstellt und einschätzt; nämlich nicht als den Beginn der Epoche eines qualitativ neuartigen Philosophierens, eben des "kritischen", welches sich von allem bisherigen durch den Abgrund des Verlustes der vorkritischen Naivität geschieden weiß, sondern lediglich als Vollendung einer Arbeit an alten epistemologischen Problemstellungen, die schon bei den Alten – allen voran Plato[19] – weit vorangeschritten war. In Schleiermachers Texten findet sich keine Spur des Bewußtseins von einem Epochenbruch in der Geschichte des Denkens. Vielmehr rechnen sie durchgehend mit der Gleichartigkeit der epistemologischen (und metaphysischen) Fragestellungen in der alten und neuen Zeit. Das ist eine unübersehbare Differenz zur kantischen Schule.

2. Diese Differenz wird noch einmal vertieft durch Schleiermachers wiederholtes und nachdrückliches Bekenntnis zu einem Grundsatz der antiken Ethik, der einem Grundanliegen der kantischen Philosophie und seiner Nachfolger kontradiktorisch widerspricht. Ich meine Schleiermachers Be-

---

14. Und zwar schon vor den *Reden*; vgl. die o. in Anm. 4 genannte Arbeit S. 155 Anm. 3; 157 Anm. 11.
15. Ibid. 137 Anm. 10.
16. Z.B. GKS 344.
17. Vgl. jetzt auch G. Meckenstock, *Schleiermachers Auseinandersetzung mit Fichte*, in diesem Band, S. 27-44 (Vortrag gehalten auf dem Schleiermacher-Kongreß in Salerno und Neapel, 1988).
18. GKS 19f.
19. Man kann GKS 35 geradezu als Polemik gegen den Kritizismus lesen: "Nur dies ist das Ende der Untersuchung, daß unter allen, welche den Gedanken gefaßt haben, die Ethik aus einer höheren Wissenschaft her zu begründen, es nur denen bis izt vielleicht gelungen ist, welche objektiv philosophirt haben, das heißt von dem Unendlichen als dem einzigen nothwendigen Gegenstande ausgegangen sind". Das sind Schleiermachers Darstellung zufolge eben: Plato und Spinoza.

kenntnis zu dem antiken Grundsatz des natürlichen Charakters des Sittlichen; also des Eingebettetseins des sittlichen Lebens in den Zusammenhang des Natürlichen als eine spezifische Spielart des *natürlichen* Prozesses; und dementsprechend das Umgriffensein der Ethik von der Physik.

Die Anerkennung der Richtigkeit dieses alten Grundsatzes wird nicht erst in der einschlägigen *Akademieabhandlung* von 1820 über die Differenz von Naturgesetz und Sittengesetz explizit und definitiv ausgesprochen[20], sondern ist in allen früheren Texten, den Platoeinleitungen[21], den *Grundlinien* von 1803[22] und den einschlägigen *Jugendschriften* schon teils vorausgesetzt, teils unmißverständlich ausgesprochen. Schleiermacher hat auch gewußt, daß dieser Grundsatz angesichts der Ethik Kants und seiner Nachfolger nicht ohne Polemik festgehalten werden kann[23]; ja er hat diese Polemik bewußt zugespitzt, etwa durch die – im Kontext der damaligen Diskussion unerhört provozierende – Behauptung, daß der Freiheitsbegriff überhaupt nicht ins Gebiet der Ethik falle[24].

Bis heute wird daher Schleiermacher eine "Naturalisierung" des Lebens des Geistes vorgeworfen[25]. Vermutlich würde er sich den Titel "Naturalist" gefallen lassen; vorausgesetzt, daß dabei noch ein Gespräch über den ins Spiel tretenden Begriff von "Natur" vorbehalten ist. Ebenso darf Schleiermachers Selbstbezeichnung als eines ethischen "Deterministen"[26] nicht einfach im Sinne des späten 19. Jahrhunderts verstanden werden. Denn wenn nicht auf der "Freiheit", so insistiert Schleiermacher doch sehr wohl auf der "Zufälligkeit"[27] derjenigen Ereignisse (Handlungen), die Gegenstand der Ethik sind. Und zwar sind diese ihm des näheren stets "zufällig" als Gegenstand und Resultat einer "Wahl"[28], die der "Wille"[29] trifft. Gedacht wird also ein kontingenter Wahlakt des Willens bei einer gleichzeitigen sehr spezifischen Suspension des Freiheitsbegriffs. Offenkundig handelt es sich

---

20. *Über den Unterschied zwischen Naturgesez und Sittengesez*, in *Sämtliche Werke*, Abt. III, Bd. 2, Berlin 1838, 397-417.
21. P I/1, 45; II/3, 131.
22. GKS 12f.
23. Hier ist vor allem das große Manuskript "Über die Freiheit" aus der Jugendzeit (1790 und 1792) wichtig (in: KGA I/1, 217-356).
24. GKS 11ff.
25. Z.B. F. Wagner, *Schleiermachers Dialektik. Eine kritische Interpretation*, Gütersloh 1974, 43f.
26. KGA I/1, 244.
27. GKS 9; 11; 250.
28. GKS 27; 78; 82; 117. Die Wahl entscheidet einen Moment der Aufforderung, wie er exemplarisch beschrieben wird: GKS 15; 73. In demselben Sinne kann Schleiermacher auch das Handeln einen "Entschluß" nennen: GKS 169; 205; 228; 248; 250.
29. GKS 75; 152; 154; 161; 162; 237.

dabei nicht nur um eine Anlehnung an den antiken Naturalismus, sondern gleichzeitig um eine spezifische Figur reformatorischer Theologie[30].

II.

Aber nicht diese Beziehungen zur reformatorischen Theologie, sondern jene zur antiken Philosophie sind hier weiterzuverfolgen. Und zwar zunächst Schleiermachers affirmativer Rückgriff auf das, was er für den platonischen Begriff von Form jeder wissenschaftlichen Ethik hielt. Für die Kritik der wissenschaftlichen Ethik am Maßstab ihrer sachgemäßen Form muß Schleiermacher einen *Begriff* dieser sachgemäßen Form der Ethik zugrunde legen. Dieser muß seinerseits voraussetzen und einschließen: einen *Begriff der Sache* der Ethik.

Schleiermacher hält es nun für ausgemacht, daß alle wissenschaftliche Ethik als ihre Sache (also ihren Gegenstand) das "zufällige[31] menschliche Handeln"[32] – seiner Form nach verstanden als Realisierung von Willensentschlüssen[33], die jeweils eine Situation der "Aufforderung"[34] durch "Wahl"[35] entscheiden – anerkennt. Und zwar einen spezifischen Aspekt dieses Handelns, nämlich entweder gut oder böse zu sein, unter Ausschluß eines dritten. Wenn und weil alle wissenschaftliche Ethik diesen Gegenstand hat, muß sie sich selber präsentieren als ein "zusammenhängendes und das Gebiet umfassendes (verstehe: ihren Gegenstand erschöpfendes) System ... welches das zufällige menschliche Handeln unter einer Idee betrachtet, nach der, was darin ihr angemessen ist, ausschließend und ohne Ausnahme als gut gesetzt, als böse aber ebenso alles mit ihr Unvereinbare verworfen wird"[36]. Diesen Begriff von Ethik und ihrer Sache vorausgesetzt, muß dann der Begriff der Sachgemäßheit ihrer Form (oder: ihrer formalen Sachgemäßheit, oder: ihrer sachgemäßen Form) drei Momente umfassen. Erstens muß ihr eine Idee des guten Handelns zugrunde liegen, die geeignet ist, das System der ethischen Aussagen zu begründen und zu tragen. Zweitens muß diese Idee zu anwendbarer selektionskräftiger Gestalt ausgebildet und müssen

---

30. Vgl. E. Herms, *Calvin über den unfreien Willen*, in G. Besier (Hg.), FS für P. H. Meyer, Hannover 1989.
31. GKS 9; 250.
32. GKS 9; 11; 12; 21; 31; 41; 42f; 68; 71; 74; 75; 85; 108; 130; 133; 169; 285; 297.
33. GKS 75; 133; 152; 154; 161; 162. "Entschluß": 169; 205; 228; 248; 250.
34. GKS 15; 73.
35. GKS 27; 78; 82; 117; 213f, weil ein "Wählen", das Handeln ausmacht, kann die "Zufälligkeit" des Handelns des näheren als "Willkürlichkeit" bestimmt werden; 227 ("Das Wählen ist ja das eigentliche Handeln"); 258; 317.
36. GKS 9.

dann auch die Begriffe für das unter sie zu subsumierende einzelne Handeln richtig gebildet sein. Drittens muß das so begründete und gestaltete System von Aussagen das Gebiet alles möglichen Handels in seiner Güte oder Schlechtigkeit erfassen und erschöpfend einteilen. Die Grundlinien bezeugen nun ausdrücklich, daß Schleiermacher diese drei Momente des Begriffs der sachgemäßen Form der Ethik in Platos Beiträgen zur Ethik erfüllt und vorgefunden hat.

1. Das gilt zunächst von dem verlangten systematisch tragfähigen Leitbegriff des guten Handelns[37]. Dieser kann zwar *inhaltlich unterschiedlich* bestimmt werden. Aber in jeder denkbaren inhaltlichen Fassung muß er wiederum einer *formalen* Anforderung genügen: Er muß geeignet sein, das systematische Ganze einer Theorie des guten Handelns zu tragen[38]. Das kann er nur dann, wenn er zwei Bedingungen erfüllt.

Erstens muß er erlauben, die drei wesentlichen Aspekte jeden Handelns zu unterscheiden und je für sich richtig zu erfassen. Diese drei Aspekte sind: die sich in einer Handlung ausdrückende Handlungskraft oder Handlungsfähigkeit (in der Idee des Weisen); zweitens die Regel, aus deren Befolgung sich das gute Handeln ergibt (in der Idee des Sittengesetzes); und drittens das durch die guten Handlungen Realisierte (unter der Idee des "Guten" bzw. des "höchsten Gutes")[39]. Offenkundig kann die Anforderung, einen Begriff dieser drei Wesensaspekte des guten Handelns zu ermöglichen, nur dann erfüllt werden, wenn die Idee des Guten dieses selbst als eine Weise des Tätigseins in den Blick faßt[40]. Hingegen muß die Forderung unerfüllt bleiben, wenn das Gute als Lust, als eine *Weise des Genießens* gedacht wird[41], welches jedenfalls – auch als Genießen von Tätigkeit und ihrer Realisate – vom Tätigsein selber unterschieden ist, ihm erst folgt und es zum bloßen Mittel herabsetzt[42]. Soweit die erste Bedingung.

Zweitens verlangt die systematische Funktion des tragenden Grundbegriffs jeder Ethik, daß er das Gesamtgebiet des (unter den Bedingungen der menschlichen Natur)[43] möglichen Handelns hinsichtlich seiner sittlichen

---

37. GKS 15: "Zufolge nämlich des schon vorläufig aufgestellten Begriffes ist das erste Erforderniß einer jeden Ethik die leitende Idee oder der oberste Grundsaz, welcher diejenige Beschaffenheit des Handelns aussagt, durch welche jedes einzelne als gut gesetzt wird, und welche sich überall wiederfinden muß, indem das ganze System nur eine durchgeführte Aufzeichnung alles desjenigen ist worin sie erscheinen kann".
38. GKS 15.
39. GKS 68-72.
40. GKS 92-95; dazu 78f.
41. GKS 78-92.
42. GKS 40-45.
43. GKS 15f.

Güte *umfassend*[44] unter die Alternative des Guten und Bösen stellt; und zwar *eindeutig*[45], also unter Ausschluß eines Dritten. Diese Anforderung kann nicht erfüllt werden, wenn das gute Tätigsein als ein solches gedacht wird, welches eine anderweitig gegebene Tätigkeit nur begrenzt und einschränkt[46]; sondern nur, wenn das gute Tätigsein als ein solches gedacht wird, welches selbst produktiv ist[47]. Und zwar muß es sich des näheren um eine solche produktive Tätigkeit handeln, welche nicht nur einen für die ganze menschliche Gattung identische, alle individuellen Züge ausschließenden Charakter trägt[48] – oder einen bloß individuellen unter Ausschluß aller allgemeinen Züge[49] –, sondern einen solchen, in dem der allgemeine (für die Gattung identische) und individuelle Charakter *zugleich* sind und sich durch wechselseitige Bestimmung und Begrenzung gegenseitig begrenzen und dadurch qualifizieren[50].

Allen diesen formalen Grundanforderungen wird nun die Ethik Platos in den Augen Schleiermachers gerecht. Denn zunächst sieht Schleiermacher, daß dem Ganzen der ethischen Aussagen bei Plato unbeschadet des Fehlens einer äußeren systematischen Gestalt doch eine innere Systematik zugrunde liegt[51], die ihrerseits wiederum durch eine klar erkennbare Idee des guten Handelns getragen und zusammengehalten wird; nämlich die Idee desjenigen Handelns, welches dem weltbildenden Handeln des Weltschöpfers "ähnlich" ist[52] in der völligen Bestimmtheit durch und Ausgerichtetheit auf die Idee des Guten. Und Schleiermacher sieht ferner, daß diese Idee allen systematischen Ansprüchen, die überhaupt an den Grundbegriff der Ethik gestellt werden können, gerecht wird.

Erstens ist sie – wie die Andeutungen Platos zeigen – aus dem höchsten Wissen ableitbar; nämlich aus dem Begriff der Sphäre alles möglichen Wissens und ihres sie konstituierenden Grundes, also aus dem Begriff der Welt als Werk Gottes, als Manifestation seines schöpferischen Handelns[53].

---

44. GKS 72f.
45. GKS 74.
46. Zu dieser Differenz vgl. GKS 51-58.
47. GKS 106-109.
48. GKS 59; 61.
49. GKS 59 (Systeme der Lust).
50. GKS 66; 111; gefordert: GKS 67; 109-111.
51. GKS 10.
52. GKS 35; 45; 57; 71; 93; 105.
53. GKS 35: "Das nämliche erhellt von selbst von der Formel des Platon, nämlich der Verähnlichung mit Gott. Denn da es der Gottheit an allem was Naturtrieb genannt werden mag ermangelt, und die Thätigkeit der höheren Geisteskraft in ihr eine rein aus sich selbst hervorgehende schaffende und bildende ist: so würde offenbar ein gemeinschaftliches Glied zur Vergleichung nicht zu finden sein, wenn im Menschen die Vernunft nur beschränkend auf seinen Naturtrieb handelte, und nur was jener zuerst hervorgebracht, hernach auf ihre Weise

Gleichzeitig ist diese Idee aber auch als Fundament für das systematische Ganze der Ethik geeignet. Sie faßt nämlich – und das ist das zweite, was für Schleiermacher wichtig ist – das Gute nicht als Lust, sondern als eine bestimmte Weise des Tätigseins in den Blick, so daß aus ihr auch die Begriffe aller wesentlichen Aspekte des Handelns – also sowohl der Begriff des Sittengesetzes als auch des Höchsten Gutes als auch des Weisen – gewonnen werden können[54].

Darüber hinaus sieht Schleiermacher drittens: Diese platonische Idee des Guten erstreckt sich in der Tat auf den Gesamtbereich des Handelns und bestimmt die Bedingungen seines Gut- oder Böseseins eindeutig, unter Ausschluß jedes Dritten. Sie erfaßt nämlich die sittliche Tätigkeit nicht als eine lediglich begrenzende, sondern – eben in ihrer Ähnlichkeit mit dem schöpferischen Tätigsein Gottes – als eine in völliger Bestimmtheit durch und Ausgerichtetheit auf die Idee des Guten das Gute auch tatsächlich frei produzierende[55]. Zugleich schließt der so gedachte sittliche Charakter des Handelns nicht nur eine Weise des Tätigseins ein, die für alle Glieder der Gattung identisch ist, sondern immer auch eine für jedes Glied eigentümliche. Denn, wie Schleiermacher feststellt, für Plato ist "theils schon durch seine Methode, welche zu der Weltbildung hinaufsteigt um von der herab alles abzuleiten, das Besondere als im göttlichen Entwurf liegend gegeben, theils stellt er selbst fest eine natürliche Verschiedenheit in den Mischungen der verschiedenen Kräfte und Größen (verstehe: der menschlichen Natur)"[56]. Damit sind Bedingungen der Sittlichkeit für alles (und nicht nur für irgendein begrenzendes) Handeln genannt; und wiederum nicht nur für seine allgemeinen, sondern auch für seine damit immer zugleich auftretenden individuellen Züge.

Darüber hinaus kann Schleiermacher aber schießlich noch viertens feststellen, daß die Idee des sittlichen Tätigseins, die die Ethik des Plato trägt und zusammenhält, nicht nur de facto alle genannten systematischen Leistungen erbringt, sondern daß sie von ihrem Autor auch bewußt auf die Erfüllung dieser Leistungen hin konzipiert sei. Denn Schleiermacher entnimmt den platonischen Texten, Plato habe schon selbst eingesehen, daß das systematische Fundament der Ethik *als Wissenschaft* nur eine Idee des Guten als *Tätigsein* sein könne und daß demgegenüber bei Zugrundelegung einer Idee des Guten als *Lust* die Sittenlehre "keine Wissenschaft sein könne noch

---

gestaltete; sondern es muß auch bei uns das Verhältniß zu dem niedern Vermögen nicht das Wesentliche des Höheren sein, sondern nur die Erscheinung seiner unterbrochenen Thätigkeit".
54. GKS 45ff.
55. GKS 56ff.
56. GKS 66.

eine andere feste Erkenntnis, sondern nur Wahrsagung und Eingebung"[57]. Die "Andeutungen des Plato" hierüber dürfen also mit Fug und Recht als Quelle der diesbezüglichen eigenen Einsichten Schleiermachers gelten.

Soviel zum ersten Moment in der wissenschaftlichen Form der Ethik: die Zugrundelegung einer systematisch tragfähigen Idee des Guten.

2. Aber auch das *zweite* Moment der sachgemäßen Form jeder Ethik sieht Schleiermacher bei Plato erfüllt. Hier lautet die Forderung: Der grundlegende Begriff des guten Handelns (der sittlichen Tätigkeit) muß eine selektionskräftige anwendbare Gestalt gewinnen. Er muß tatsächlich formal so ausgestaltet sein, daß in seinem Lichte für jede denkbare Entscheidungssituation ("Situation der Aufforderung") diejenige Wahl ausgemittelt werden kann, "durch die das Gute realisiert würde". Das setzt voraus, daß die drei wesentlichen Aspekte, unter denen eine Wahl als Realisierung des Guten in Betracht kommt, je für sich erfaßt sind: nämlich erstens als gutes Wählen, d.h. als Äußerung der Fähigkeit (Manifestation der Kraft) zur Realisierung des Guten auf Seiten des Handelnden; zweitens als ausseiend auf die Realisierung eines jeweils vorschwebenden Inbegriffs des zu realisierenden Guten im ganzen (des Höchsten Gutes); und drittens als jeweils die Wahl eines besonderen einzelnen Beitrags dazu (also als Ausübung einer Pflicht).[58] Um diese drei Aspekte jeder denkbaren einzelnen Wahl erfassen zu können, muß der tragende Begriff des guten Handelns selbst drei formal verschiedene Gestalten[59] annehmen: erstens die Gestalt eines Begriffes der Fähigkeit oder Kraft zum guten Wählen, also die Gestalt eines Begriffs der Tugend, traditionellerweise gefaßt als die Idee des Weisen[60]; zweitens die Gestalt eines Begriffs des Höchsten Gutes[61], das durch Handeln zu realisieren ist; und drittens die Gestalt eines Begriffs der Regel für die Wahl des einzelnen, also die Gestalt des Sittengesetzes[62]. Nur wenn der tragende Begriff des Guten explizit diese Dreigestalt angenommen hat, kann im Lichte dieser drei Gestalten des Begriffs darüber geurteilt werden, was an einer einzelnen – sei es bevorstehenden, sei es schon vollzoge-

---

57. GKS 89.
58. GKS 69.
59. GKS 126ff.
60. GKS 148ff.
61. GKS 165ff.
62. GKS 128ff.

Platonismus und Aristotelismus in Schleiermachers Ethik 15

nen – Handlung[63] Ausdruck einer Tugend oder eines Lasters ist, welche Güter bzw. Übel sie realisiert und ob sie Pflicht ist oder Übertretung[64].
Wie steht es mit der Erfüllung dieser Anforderungen bei Plato? Schleiermacher lobt ihn explizit für seine Fassungen des Begriffs der Tugend und des Höchsten Gutes, weil sie die genannten formalen Anforderungen sämtlich erfüllen.

2.1 Der Begriff der "Tugend" bezeichnet für Schleiermacher "die Kraft[65] und Gesinnung, und zwar ganz, durch welche die richtigen Thaten oder Werke hervorgebracht werden; so ist er also der allgemeinste sittliche Begriff, entsprechend dem Ideal des Weisen"[66]. Insofern schließt Tugend ihrem Begriff nach die Erkenntnis der Idee des Guten ein, ist aber selbst etwas fundamentaleres als bloße Erkenntnis[67]: nämlich der durch die Idee des Guten bestimmte, von ihr angezogene und auf sie ausgerichtete wirksame[68] Wille[69].

Die kommentierenden Einleitungen zu den Übersetzungen der platonischen Dialoge – insbesondere die Einleitung zum *Gastmahl*[70] und zum *Phaidon*[71] – heben nun sorgfältig hervor, wie Plato diesen Begriff des Weisen – nämlich: des "Philosophen" –, dessen gesamtes Streben auf die Idee des Guten gerichtet ist und durch sie geleitet wird, entwickelt und dargestellt hat[72]. Und die *Grundlinien* loben ihn ausdrücklich deswegen, weil er die Tugend (oder: das Wesen der Weisheit als sittliche Gesinnung und sittliche Ausrichtung des Wollens) *nicht* auf ein Erkennen reduziert, sondern mit diesem nur so verbunden habe, daß deutlich werde, wie "die sittliche Gesinnung auf eine Idee geht und also von dem Bewußtsein derselben unzertrennlich ist, es sei nun unentwickelt als richtige Meinung oder entwickelt als wirkliche Erkenntnis"[73].

---

63. Daß die Entfaltung der obersten Idee des sittlichen Handelns in die formalen ethischen Begriffe im Dienste der Anwendung der Idee auf die einzelnen vorkommenden Handlungen steht, oder anders gesagt: daß diese Entfaltung die Bedingung der Anwendbarkeit der Idee des sittlichen Handelns ist, ergibt sich aus GKS 15; 120; 128; 136; 302; 132; 152.
64. Diese Gegensatzpaare werden GKS 126 summarisch eingeführt und kehren von da ab ständig wieder.
65. GKS 152.
66. GKS 149.
67. GKS 152.
68. GKS 150f.
69. GKS 152; 154.
70. P II/2 357-370.
71. P II/3 5-22.
72. Bes. P II/2 359f; II/3 8. Weil der Philosoph ein *Wollender* ist, deshalb kann er als Einheit von Dialektiker (Sophist) und Staatsmann dargestellt werden: P II/2 19; II/2 359.
73. GKS 156f.

So als Weisheit – d.h. als durch das Gute bestimmter und es tätig realisierender Wille – gefaßt, kann die Tugend aber nur *eine* sein. Und genau dies habe – wie Schleiermacher in der Einleitung zur Politeia ausführlich beschrieben – als erster Plato gegen die Tradition erkannt und zur Darstellung gebracht, indem er nämlich das schon für ihn traditionelle Quadrupel von Tugenden: Gerechtigkeit, Klugheit, Tapferkeit und Besonnenheit, nur als eine Mehrzahl von Strukturmomenten im einheitlichen Aufbau der tugendhaften Gesamtverfassung der einzelnen Seele oder des Gemeinwesens interpretiert habe[74]; so daß von ihm folglich "Weisheit" oder "Gerechtigkeit" auch alternativ als jeweils das einheitliche Ganze der Tugend in sich befassend betrachtet werden könnten[75]. Daß dies keine späte Einsicht, sondern schon eine frühe Frucht von Schleiermachers Platostudien ist, beweisen die *Grundlinien*: Schon sie skizzieren das angedeutete platonische Verständnis des traditionellen Systems der Kardinaltugenden als differenzierte Beschreibung verschiedener Aspekte eines in sich einheitlichen Sachverhalts[76]. Und ganz auf der Linie dieses Verständnisses führen sie als klassisches Zeugnis für die Unhaltbarkeit der zum Beispiel bei Kant begegnenden Unterscheidung von "geselligen" und "auf sich selbst bedachten" Tugenden Platos Begriff der Gerechtigkeit an[77], in der – als dem durch das Gute bestimmten Wollen – die gute Gesinnung gegen andere und gegen die eigene Person in eins *zusammenfallen*[78]. Offenkundig sieht also Schleiermacher seine eigene Konzeption des Tugendbegriffs bei Plato nicht nur erfüllt, sondern findet im platonischen Tugendbegriff das Vorbild, dem seine eigene formale Konzeption vom Wesen der Tugend folgt.

2.2 Noch auffallender ist diese Abhängigkeit der eigenen Konzeption von dem bei Plato gefundenen konzeptionellen Vorbild beim Begriff des Höchsten Gutes. Schon bei der ersten Einführung der drei Gestalten der ethischen Leitidee des guten Handelns erläutert Schleiermacher den Begriff des Höchsten Gutes durch den Begriff der "*Darstellung*", und zwar so: wenn unter gegebenen Naturbedingungen – eben denen der menschlichen Natur[79] – "aus einem ethischen Grundsatz" (verstehe: nach einer Regel des sittlichen Handelns) "ein System von Handlungen sich soll entwickeln können"[80], so muß dieses Ganze gedacht werden als "die äußere und wechselnde *Darstellung*" dieses Grundsatzes, die hervorgebracht wird von

---

74. P III 20-31.
75. P III 26f.
76. GKS 230.
77. GKS 163.
78. GKS 164.
79. GKS 69.
80. GKS 68.

"der durch den sittlichen Grundsatz beherrschten Seele" (welche insofern als "die innere und bleibende" Darstellung des sittlichen Grundsatzes zu denken sei)[81]. Aus diesem Grundsachverhalt ergeben sich dann für Schleiermacher "die beiden Ideen des höchsten Gutes und des Weisen"[82].

Diese Konzeption des Höchsten Gutes als das Gesamte der äußeren *"Darstellung"* des sittlichen Wollens beherrscht dann im folgenden Schleiermachers kritische Durchmusterung der Behandlung dieses Begriffs in der bisherigen Sittenlehre. Schleiermacher hält diese Prüfung deshalb für besonders schwierig[83], "weil nicht nur die neuere Sittenlehre" den Begriff des Höchsten Gutes "gänzlich vernachlässigt, sondern auch in der alten die Klarheit", in der er hier bereits gegeben war, "gar nicht im Verhältnis" stehe "zu den vielen Versuchen, welche damit gemacht worden seien"[84]. Und an den Stoikern führt Schleiermacher exemplarisch vor, daß dieses Herumexperimentieren mit dem Begriff des Höchsten Gutes nur darin seinen Grund habe, daß ihnen eben "der Begriff der Darstellung des sittlichen als das unterscheidende Merkmal der Güter", entgangen sei[85]. Und dies, obwohl ihnen die klare Fassung des Begriffs der Güter als Darstellung des Sittlichen schon vorlag, nämlich: bei Plato. So beschließt Schleiermacher seine Kritik des Güterbegriffs in der bisherigen Sittenlehre mit folgender Beschreibung dieses platonischen Güterbegriffs: "Am reinsten aber nicht nur von Fehlern, sondern auch am vollständigsten findet sich dieser Begriff (verstehe: des Höchsten Gutes), wenngleich auch nur unentwickelt, in der Sittenlehre des Platon. Denn so dachte er sich die Gottähnlichkeit des Menschen als das höchste Gut, daß so wie alles seiende ein Abbild ist und eine Darstellung des göttlichen Wesens, so auch der Mensch zuerst zwar innerlich sich selbst, dann aber auch äußerlich was von der Welt seiner Gewalt übergeben ist, den Ideen gemäß gestalten solle, und so überall das sittliche *darstelle*. Hier also tritt das unterscheidende Merkmal des Begriffs deutlich heraus, und die Beziehung desselben (verstehe: auf die Idee des sittlichen Prozesses) sondert sich ab von der That sowol als der Gesinnung"[86].

Damit enthüllt Schleiermacher am Ende seiner Kritik der bisherigen Behandlung des Güterbegriffs den diese Kritik leitenden Begriff des Höchsten Gutes als den platonischen. Aber nicht nur die Kritik der bisherigen Sittenlehre wird von diesem Begriff geleitet, sondern bekanntlich ebenso alle späteren Versuche Schleiermachers, diesen – in seinen Augen wichtigsten –

---
81. GKS 68.
82. Ibid.
83. GKS 165.
84. Ibid.
85. GKS 173; 174; 175.
86. GKS 176.

Teil in der wissenschaftlichen Darstellung des Systems der Ethik konstruktiv zu entfalten.

2.3 Bleibt die Frage, ob und wie sich bei Plato – wenigstens de facto, also "unentwickelt" – ein formal angemessener Begriff der Pflichten (und damit des Sittengesetzes) findet. Dieser Frage geht Schleiermacher in den *Grundlinien* nicht nach. Man kann aber Schleiermachers positive Antwort auf diese Frage zumindest insofern unterstellen, als für ihn der Begriff des Weisen (oder: der Tugend) der Begriff der ganz "von dem sittlichen Grundsatz beherrschten Seele"[87] ist, also den Begriff des Sittengesetzes selber einschließt. Diesen Begriff der Tugend (bzw. des Weisen) findet aber Schleiermacher – wie wir gesehen haben – bei Plato in vorbildlicher Form erfaßt; also wohl auch einschließlich des Begriffs des Sittengesetzes.

Zusammenfassend können wir also feststellen, daß Schleiermacher bei Plato alle Teile des zweiten Momentes im Begriff der sachgemäßen Form der wissenschaftlichen Ethik erfüllt findet – zumindest aber die beiden wichtigsten, nämlich den richtig gebildeten Begriff der Tugend und der Güter entsprechend den Ideen des Weisen und des Höchsten Gutes.

3. Werfen wir nun noch einen kurzen Blick auf Schleiermachers Bemerkungen zum dritten Moment in der sachgemäßen Form der wissenschaftlichen Ethik: zu ihrer thematischen Vollständigkeit. Hier verdichtet sich der Eindruck von der Vorbildlichkeit der platonischen Ethikkonzeption für Schleiermacher, den schon seine Bemerkungen über die platonische Fassung des systematisch tragenden Grundbegriffs des Sittlichen, seiner drei Gestalten und der aus ihnen abgeleiteten einzelnen sittlichen Begriffe, Tugend, Pflicht und Gut geweckt hatten, zur Gewißheit. Denn alle thematischen Lücken, die Schleiermacher in der neueren und zeitgenössischen Ethik moniert und deren Schließung zum Programm seiner eigenen Darstellung der Ethik gehören, sieht er bereits in der platonischen Konzeption von Ethik berücksichtigt. So die ordentliche Unterscheidung und Beziehung der allgemeinen und individuellen Züge des sittlichen Handelns aufeinander[88], die Einbeziehung von Freundschaft und Liebe in den Bereich des Sittlichen[89], die Einbeziehung auch von Erkennen und Wissen in den Bereich des Handelns unter der Alternative von Gut und Böse[90] und schließlich auch die Erfassung der Kunst als eines Handelns, das der sittlichen Beurteilung unterliegt[91].

---

87. GKS 68.
88. GKS 267. Vgl. oben GKS 66.
89. GKS 285.
90. GKS 288.
91. GKS 289.

Soweit unsere Übersicht. Sie zeigt: alle Momente des Begriffs der sachgemäßen Form der wissenschaftlichen Ethik findet Schleiermacher bei Plato erfüllt. Und zwar *nicht nur faktisch*, sondern in einer für ihn selbst unverkennbar *vorbildlichen* Gestalt. Wenn also Schleiermachers Arbeit an der deutschen Platoausgabe die Gründlichkeit seiner Platostudien belegt, so beweisen die *Grundlinien*, daß von diesen Studien auch eine grundlegende Inspiration für seine eigene Konzeption der wissenschaftlichen Ethik ausging.

III.

Alles Gesagte bezieht sich ausschließlich auf die sachgemäße *Form* der wissenschaftlichen Ethik. Nur von ihr handeln die *Grundlinien*. Diese Beschränkung ergibt sich für Schleiermacher aus der gegenwärtigen Unfertigkeit der Sittenlehre[92]. Denn unter dieser Bedingung kann eben *nur* über die wissenschaftliche Form der Ethik Abschließendes gesagt werden, nicht über ihren Inhalt. Diese – einstweilen fehlenden – inhaltlichen Bestimmungen betreffen für Schleiermacher erstens die für die Ethik grundlegende Idee des guten (ideegemäßen) Handelns und infolgedessen dann auch alle einzelnen ethischen Begriffe: Tugend, Pflicht und Gut. Dabei gilt, daß diese Bestimmungen sich alle aus der inhaltlichen Fassung desjenigen Begriffs der menschlichen Natur ergeben[93], der das Gebiet der Ethik absteckt selbst aber jeweils aus der (philosophischen) "Physik" stammt. So hat die Unfertigkeit der wissenschaftlichen Ethik die einstweilen zur Beschränkung auf eine reine Formbetrachtung zwingt, für Schleiermacher letztlich darin ihren Grund, daß eben diese (philosophisch-begriffliche) Erkenntnis der menschlichen Natur unabgeschlossen und strittig ist.

Dementsprechend stellt Schleiermacher – in einer die *Grundlinien* abschließenden Reflexion – zwei Bedingungen für die auch inhaltliche Vollendung der Ethik fest: *erstens* die gleichzeitige Vollendung aller zum System der Wissenschaft notwendig gehörenden Wissenschaften – also neben der Ethik auch der Physik und der zu dieser gehörenden[94] Erkenntnis der menschlichen Natur. Nun ist aber wegen des formal sittlichen Charakters allen

---

92. GKS 13; 23.
93. Ibid.
94. Schleiermacher hat dies in der Einleitung zu seinen positiven Darstellungen der Ethik immer wieder ausgesprochen, besonders deutlich schon im Brouillon von 1805/06: "... auch Wissen und Handeln sind als Vermögen Natur und müssen als solche nachgewiesen werden" (F.D.E. Schleiermacher, *Werke*, Auswahl in 4 Bdn., Hg. O. Braun und J. Bauer, Leipzig 1913, 80).

Wissens diese Vollendung der Wissenschaft ihrerseits nur möglich unter der Bedingung der Vollendung zwar nicht der Ethik als Wissenschaft (das wäre eine zirkuläre Forderung), wohl aber der *realen* Sittlichkeit des Menschen[95]. Genau das ist also die *zweite* und grundlegende Bedingung für die Vollendung allen Wissens und darin eingeschlossen der Ethik. Weil diese Entwicklung der realen Sittlichkeit per definitionem nicht bloß ein Fortschritt des Erkennens sondern der gesinnungs- oder willensmäßigen Bedingungen von Erkenntnis ist, unterliegt sie nicht im voraus zu berechnenden Fluktuationen[96], "in deren Folge auch der Fortschritt des realen (sc. inhaltlich bestimmten) Wissens schwankt". Dennoch besitzt der Gesamtprozeß ein Medium, das ihm Einheitlichkeit, Maß und Ordnung verleiht: das "klare Selbstbewußtsein". Mit diesem Hinweis, der für den Begriff des Prozesses sozialer und kultureller Evolution grundlegende Bedeutung hat, schließen die *Grundlinien*. Dort heißt es: es scheine "bald vorwärtsgehend bald rückläufig die Bewegung demjenigen, welchem der Mittelpunkt nicht gegeben ist und ihr Gesez: denn nur in der vollkommenen Wahrheit und im klaren Selbstbewußtsein verkündiget sich unverkennbar das Maß und die Ordnung"[97].

Aber Schleiermachers Blick auf die Entwicklung der menschlichen Sittlichkeit und des menschlichen Wissens beschränkt sich nicht nur auf diese Einheit ihrer Form. Er richtet sich auch auf die tatsächlich erreichten inhaltlichen Fortschritte. Für diese ist grundlegend die Wende von der heidnischen zur christlichen Gestalt menschlicher Sittlichkeit und der darin eingeschlossene Fortschritt zunächst in der inhaltlichen Bestimmung der menschlichen Natur und infolgedessen dann auch des ethischen Leitbegriffs des guten Handelns.

Von hier aus ergibt sich nun für Schleiermacher noch einmal ein neues Verhältnis zu Plato, das nicht nur die wissenschaftliche Form, sondern auch die inhaltlichen Bestimmungen von dessen Ethik in den Blick faßt. Dabei zeigt sich: so positiv Schleiermachers Urteil über die Plato unterstellte (innere) Form der Sittenlehre ausfällt, so negativ lautet es über ihre inhaltlichen Bestimmungen.

Wegen der systematischen Abhängigkeit aller ethischen Begriffe von den die Natur des Menschlichen erfassenden Begriffen der Physik setzt Schleiermachers Platokritik auch an dieser Stelle ein. Sie betrifft im Kern das Verhältnis zwischen Leib und Seele. Das grundsätzliche Defizit sieht Schleier-

---

95. GKS 343.
96. Wohl eine Polemik gegen Hegel.
97. GKS 344. Dieser letzte Satz der *Grundlinien* hat für Schleiermachers Geschichtsphilosophie fundamentale Bedeutung.

Platonismus und Aristotelismus in Schleiermachers Ethik 21

macher darin, daß der Materie gegenüber den Ideen (und dann dem Leib gegenüber der Seele) eine ontologische Selbständigkeit zugesprochen wird und damit auch der Status eines Absoluten und irgendwie Göttlichen. Wir verfolgen kurz, wie Schleiermacher dieses Defizit in seiner anthropologischen Form aufgreift und von da aus zunächst auf seine ontologischen Fundamente zurück- und dann in seine ethischen Konsequenzen weiterverfolgt.

1. In der Anthropologie manifestiere sich das Defizit in einer unbefriedigenden Bestimmung des Verhältnisses zwischen Leib und Seele. So werde z.B. im *Gastmahl* nur der Gegensatz zwischen beiden ausgedrückt, obwohl sie doch, "wo die Sache selbst redet", nie gänzlich voneinander lassen könnten[98].

2. Was zunächst als ein bloßer Mangel der Darstellung erscheint, durchschaut Schleiermacher daher dann auch bald als begründet in einer falschen Sicht der Sache selbst; und zwar in Platos Sicht des ontologischen Verhältnisses zwischen dem Bestimmenden und dem Unbestimmten, den Ideen und der Materie, oder Sein und Erkennen. Eigentlich wäre – als Bedingung der Möglichkeit von Sein und Erkennen – die ursprüngliche, in der "Natur des Zeus" gründende Einheit beider zu denken[99]. Aber tatsächlich müsse jedem Leser auffallen, daß und wie durchgehend Plato das Unbestimmte selbst als ein ursprüngliches und absolutes setze: darüber, wie Plato "jenes Unbestimmte als ein ursprüngliches setzt, von der ewigen Natur des Zeus ... nicht hervorgebracht, sondern nur gebunden, darüber werden auch die unmittelbaren Schüler des Mannes nicht wissenschaftlicher belehrt worden sein als wir es aus dem *Phädon* sind, wo sich Sokrates eben so bei dem ordnenden Geiste beruhiget, und wo die Art den Gegensaz zwischen Leib und Seele zu bestimmen auch schon auf Ursprünglichkeit des Unbestimmten schließen läßt"[100].

Was läßt hier – im *Phädon* – aus der Betrachtung des Verhältnisses von Leib und Seele auf die Ursprünglichkeit des Unbestimmten schließen? Nicht einfach, wie im *Gastmahl*, die einseitige Betonung des Gegensatzes zwischen beiden. Sondern jetzt vor allem die Erhebung des Leibes zu gleichem Rang und Würde mit der Seele durch eine spezifische Erweiterung der Erin-

---

98. P II/3 9f: "Auf der anderen Seite aber ist es leicht im Allgemeinen hinzuweisen darauf, wie weit eben in dieser Periode die Philosophie selbst des Platon gebildet war, und wie sie ihm seine Werke gestaltete, so nemlich, dass ohne gänzliche Trennung doch überwiegend in jedem ein Gegensaz vorherrscht, und ganz natürlich eben wie der *Gorgias* und der *Theätetos* so auch das *Gastmahl* und der *Phädon* zusammengehören. Ja man kann sagen, dass sich diese Bildungsstufe in unserem Gespräch noch besonders abspiegelt in der Darstellung des Gegensazes zwischen Seele und Leib, welche auch schroff genug dem Äusseren nach geschieden werden, aber doch, wo die Sache selbst redet, nie gänzlich voneinander lassen können".
99. P II/3 130.
100. P II/3 131.

nerungslehre: nicht nur die nach der Erkenntnis der Idee strebende Vernunft, sondern ebenso das tierische Verlangen sind als immer schon gegebene zugleich ewige, absolute Ziele[101]. Nur von hier aus sei dann auch Platos Behandlung der "Besonnenheit" in der *Politeia* und deren entscheidende Voraussetzung zu verstehen, daß nämlich die niederen Seelenkräfte – eben das sinnliche Begehren, wie es auch den Tieren eigen ist – schon *durch sich selbst* und nicht erst kraft Bezogenheit auf die Vernunft in gewissem Sinne auf Göttliches ausgerichtet und insofern sittlich seien[102].

3. Damit sind bereits die sich aus dieser ontologischen Verselbständigung der Sinnlichkeit ergebenden – in Schleiermachers Augen durchaus negativen – Folgen für die Sittenlehre angedeutet[103]. Nämlich die Tatsache, daß von da aus bei der erforderlichen richtigen Behandlung des Verhältnisses zwischen den Geschlechtern und ihrer Mischung auf das Tierische zurückgegangen werden müsse. Eben dadurch werde Plato zu demjenigen Fehlurteil verleitet, das zwar "jeder unserer Zeitgenossen von gesundem Sinn gerne bis auf die letzte Spur aus diesem Werke verlöschen möchte"[104], worin Plato aber nur Repräsentant der "hellenischen Geistesentwicklung" sei und exemplarisch zeige, wo sich alles "Verkehrte" dieser Geistesart und ihr "heidnischer"[105] Charakter, ihr Unvermögen "zu einer befriedigenden Gestaltung ethischer Verhältnisse"[106] konzentriere: in der verfehlten Ansicht der Geschlechterbeziehung und in der daraus folgenden Zerstörung von Ehe und Haus als Fundament des Gemeinwesens.

Denn was zunächst die Beziehung zwischen den Geschlechtern betrifft, so ergebe sich zunächst eine falsche Begründung der Gleichheit von Männern und Frauen aus der Tatsache, daß Plato dafür nicht beider Anteilhabe an der Vernunft in Anspruch nehme, sondern – in völliger Parallele zu den Tieren – ihre animalische Natur. Infolgedessen vermöchte er dann zweitens auch nur mit rein animalischen (sinnlichen) Motiven für die Partnerwahl und Geschlechtsbeziehungen zu rechnen[107]. Auch Plato, "dem man aus Mißverstand häufig in dieser Beziehung ganz falsche Ehre angethan" habe, sei "in der bloß sinnlichen Ansicht des Geschlechtsverhältnisses so befangen,

---

101. P II/3 132.
102. P III 28: Nach unserer Denkungsart würden wir, "wenn die sinnlichen Begierden noch so unmäßig emporwünschen, die Schuld davon lieber in der Schwachheit des vernünftigen Teiles suchen, als dass wir jenem untergeordneten Vermögen einen eigenen eigenthümlichen Antheil an der Sittlichkeit beilegten". 29: Bei Platon wird "den niedern Seelenkräften so viel eingeräumt, dass sie durch sich selbst Antheil haben an der Tugend".
103. P III 28.
104. P III 34.
105. P III 28.
106. P III 34.
107. P III 34.

daß er für die Bestimmung des Geschlechtstriebes zu einer persönlichen Neigung kein anderes Motiv anerkennt als den Reiz, den die Betrachtung schöner, sich mannigfaltig und lebhaft bewegender Gestalten hervorbringt, so daß ein geistiges Element in der Geschlechtsliebe ihm völlig fremd geblieben" ist[108].

Nun ist aber dieser den Geschlechtstrieb bestimmende Sinnenreiz rein individuell. Um nicht alle Einzelnen in Gegensatz zueinander zu setzen, sondern ihre Koexistenz zu ermöglichen, bedarf er einer allgemeinen, für alle geltenden Bestimmung. Unter der Voraussetzung der ontologischen Selbständigkeit der Sinnlichkeit kann diese allgemeine Bestimmung nicht aus der Beziehung auf die Vernunft gewonnen werden. Dann bleibt nur der Rückgriff auf die dem sinnlichen Trieb selbst inhärente Allgemeinheit übrig: die Frauen- und Männergemeinschaft und die Praxis der Gemeinschaftlichkeit der Kindererzeugung und -erziehung.

Schleiermacher kritisiert nun aber nicht nur den in einer inhaltlich falschen Anthropologie und Ontologie gründenden unsittlichen Charakter dieser Gestalt der Geschlechtsbeziehungen, der Nachwuchserzeugung und -aufzucht, sondern auch ihre fehlende Eignung für die Entwicklung einer großen und offenen Gesellschaft: "Wenn ... als die schönste Frucht dieser Maaßregel eine erweiterte Brüderlichkeit gepriesen wird, welche allem Zwiespalt am besten vorbeugen kann: so erstreckt sich diese doch nicht weiter als der Umfang jenes gemeinschaftlichen, die Dunkelheit unterirdischer Vorbildung der Erzeugten nachahmenden Erziehungshauses; und darum könnte unter diesem Gesez immer nur eine sehr kleine Gemeinheit bestehen und sich erhalten. ... In solchen untergeordneten Formen aber können die Geschikke des menschlichen Geschlechts nicht erfüllt werden, sondern nur durch große bürgerliche Vereine, denen überall das abgeschlossene Hauswesen als ausgebildete organische Einheit zum Grunde liegt"[109].

Dementsprechend hat denn auch Schleiermacher in der Güterlehre seiner eigenen Ethik das abgeschlossene Haus als diejenige Elementargestalt menschlicher Interaktion dargestellt, über der sich dann die gesellschaftliche *Öffentlichkeit* mit ihren spezialisierten Bereichen des symbolisierenden und organisierenden Handelns – also des kulturellen (wissenschaftlichen und religiösen), staatlichen und wirtschaftlichen Handelns – aufbaut.

---

108. Ibid.
109. P III 36.

IV.

Diese Einsicht in die politische Fundamentalstellung des "abgeschlossenen Hauswesens" ist nun aber bekanntlich ein Grundgedanke der *Politik* des Aristoteles[110]. Schleiermachers inhaltliche Platokritik endet also mit einem überraschenden Resultat: nämlich mit der kaum verdeckten inhaltlichen Übereinstimmung mit demjenigen antiken Autor, der in den *Grundlinien* fast nur als Gegenstand einer herben Kritik wegen schwerer Mängel in der wissenschaftlichen Form der Ethik begegnet[111]. Das scheint widersprüchlich zu sein, ist es jedoch nicht, sobald man beachtet, daß die *Grundlinien* sich strikt auf Formbetrachtungen beschränken. Ebensowenig wie sie die soeben aus den Einleitungen zu den Dialogen nachgetragene heftige inhaltliche Platokritik irgendwo ahnen lassen, ebensowenig schließen sie eine entsprechende inhaltliche Übereinstimmung mit Aristoteles aus. Die Beobachtung, *daß* solche Übereinstimmungen bestehen, weckt die Frage, wieweit sie reichen.

Man möchte vermuten, daß sie parallel zur Kritik an Plato verlaufen und dementsprechend einerseits auf inhaltlichen Übereinstimmungen in Grundfragen der Erkenntnistheorie, Ontologie und Physik aufruhen und von da aus andererseits auf die inhaltliche Bestimmung der einzelnen ethischen Begriffe übergreifen.

Tatsächlich zeichnen sich solche Überzeugungen in der Sache ab: Schleiermacher sieht, daß für Aristoteles das erkennbare Sein nicht wie für Plato bloß die Ideen sind, sondern gerade das Werden in seinen wesentlichen Strukturen[112]. Dem entspricht Schleiermachers eigene Einschränkung des realen Wissens auf den Bereich des Seins unter dem Gegensatz, und d.h. auf die Sphäre des Werdens. Vor allem: Von der bei Plato getadelten ontologischen Selbständigkeit der Materie und ihren anthropologischen Konsequenzen ist bei Aristoteles keine Rede mehr. Stattdessen betont die aristotelische Sicht des Verhältnisses zwischen Seele und Körper den Zusammenhang des Unterschiedenen in einer Weise, die in gewisser Hinsicht dem für Schleiermachers eigener Ethik grundlegenden physischen Sachverhalt der "Beseelung der Natur durch die Vernunft"[113] entspricht.

---

110. Vgl. Aristoteles' *Politik* I,2 (1252 B 15-30).
111. GKS 42; 112; 163; 221; 225; 264; 275; 306; 333. Nur für Einzelheiten wird Aristoteles gelobt: GKS 161; 207; 275.
112. *Geschichte der Philosophie* (SW, Abt. III, Bd. 4,1, Berlin 1839) 115: "Das platonische Werden ist ihm das wahre Sein".
113. Vgl. E. Herms, *"Beseelung der Natur durch die Vernunft". Eine Untersuchung der Einleitung zu Schleiermachers Ethikvorlesung von 1805/06*, Archivio di Filosofia, 52 (1984), 49-

Platonismus und Aristotelismus in Schleiermachers Ethik 25

Freilich, so genau wir die Erträge von Schleiermachers Platostudien überblicken, so unübersichtlich liegen die Dinge einstweilen immer noch im Blick auf Aristoteles. Das kritisch edierte frühe Material[114] gibt keine prinzipiellen Aufschlüsse. Und das Material aus den Vorlesungen über die "Geschichte der Philosophie" liegt bisher nur in vorläufiger Ausgabe vor und präsentiert sich hier als ebenfalls änigmatisch. So können die angedeuteten Vermutungen einstweilen nicht weiterverfolgt werden. Immerhin ist unübersehbar, daß Schleiermacher seit 1818 das ontologische Grundproblem seiner Psychologie – die in der Erscheinung von Ich für sich selber gegebene Einheit des materiellen und geistigen Prozesses – unter Rückgriff auf den aristotelischen Begriff des Form/Materie-Verhältnisses konzipiert: nämlich den materiellen Prozeß als einen Prozeß des bloßen Bestimmtwerdens, hingegen den geistigen Prozeß als einen Prozeß des reinen Bestimmens (also: der Selbstbestimmung)[115].

V.

Daher beschließe ich diesen Überblick über den Einfluß von Schleiermachers Studium der antiken Klassiker auf seine eigene Ethikkonzeption, der uns an den Punkt einer vehementen inhaltlichen Platokritik geführt hat, mit drei kurzen Hinweisen auf den Sinn dieser Kritik.
1. Sie stellt sich der Sache nach dar als Kritik des Anspruchs der Sinnlichkeit, gegenüber der Vernunft selbständig zu sein und insofern ein autonomes Gebiet der Sittlichkeit zu begründen. Das aber heißt: diese Platokritik Schleiermachers ist implizit zugleich eine Gestalt seiner Kritik an der Romantik und ihrem Ästhetizismus[116].
2. Der eigentliche Gegenstand dieser Kritik ist nicht die Sinnlichkeit und ihre Ansprüche als solche, sondern nur die Behauptung ihrer Selbständigkeit gegenüber der Vernunft. Dabei wird als Grund dieses anthropologischen Irrtums der ontologische Irrtum der Verselbständigung der Materie, des Unbestimmten gegenüber dem Bestimmenden, aufgedeckt und kritisiert. Schleiermacher trägt diese Kritik – nicht zu Unrecht – als Kritik des "christlichen" Wirklichkeitsverständisses am "heidnischen" vor.

---

102. Aber auch die Darstellung des Aristoteles in der *Geschichte der Philosophie* (o. Anm. 112, 113-121) tadelt scharf die mangelnde systematische Kohärenz des aristotelischen Systems.
    114. KGA I/1 1-80, 165-176, 499-510.
    115. Vgl. SW III/6, 25-38.
    116. Bei Schleiermacher greifbar im Gegenüber von einerseits seiner Verteidigung von Schlegels Lucinde (KGA I/3 139-224) und andererseits seinen Predigten über den christlichen Hausstand von 1820 (SW II/1, Berlin 1843, 549-672).

Dabei liegt der christliche Sinn dieser Kritik nicht etwa in einer Verleugnung oder Verneinung der Sinnlichkeit und des Leibes, sondern tiefer in der Geltendmachung des christlichen Schöpfungsgedankens, der sich in seiner polemischen Zuspitzung auf den Gedanken der *creatio ex nihilo*[117] gerade gegen die platonische Lehre von der bloßen Gestaltung einer ontologisch unursprünglichen Materie wendet und damit jede Möglichkeit abschneidet, diese als eine Quelle und Norm des Lebens zu verehren.

3. Die ethische Konsequenz dieser ontologischen Kritik ist die Kritik der Frauen- und Männergemeinschaft und die Apologie des "abgeschlossenen Hauses" als des elementaren Bausteins der menschlichen Gesellschaft. Das ist offenkundig nicht bloß Ausdruck "bürgerlicher" Präokkupation. Vielmehr ein Urteil, das sich – ganz abgesehen von seiner ontologischen und anthropologischen Fundierung – an einer ganz bestimmten soziologischen oder geschichtstheoretischen Perspektive orientiert: an der Perspektive auf diejenige Größe und Offenheit der menschlichen Gesellschaft, in der allein sich "das Geschick der Menschheit erfüllen kann".

Und diese Perspektive verlangt – wie Schleiermacher in seiner eigenen Güterlehre später deutlich macht – nicht nur das Heraustreten der Regeneration der Gattung und ihrer Bildung aus jenem "gemeinschaftlichen, die Dunkelheit unterirdischer Vorbildung der Erderzeugten nachahmenden Erziehungshause", das Plato empfahl. Vielmehr verlangt sie auch noch die Herabsetzung des von den Alten bis hin zu Hegel als die Totalität des Sittlichen ausgegebenen Staates zu lediglich *einem unter mehreren* gleichursprünglichen konstitutiven Momenten im freien Zusammenspiel aller Gebiete der sittlichen Interaktion.

Nur weil er sich und seine Zeit nicht mehr auf dem Boden der "heidnischen", sondern der "christlichen" Sittlichkeit empfand, öffnete sich für Schleiermacher diese Perspektive. Sie blickt offenkundig in eine andere Richtung als die, welche die deutsche[118] "Geistesentwicklung" in der folgenden Zeit dann zunächst einmal einschlug.

---

117. Vgl. dazu G. May, *Schöpfung aus dem Nichts*, Berlin 1978.
118. Inzwischen wird sichtbar, daß der Abweg eines weltanschaulichen Biologismus kein Privileg der deutschen Wissenschafts- und Kulturgeschichte ist.

SCHLEIERMACHERS AUSEINANDERSETZUNG MIT FICHTE

Günter Meckenstock — Kiel

Schleiermacher[1] hatte kein Fichte-Erlebnis. Er war nie ein offener und eindeutiger Parteigänger Johann Gottlieb Fichtes. Und doch hatte er besonders zu Beginn seiner literarischen Karriere mit dem Ruf zu kämpfen, ein Fichtianer zu sein[2]. Dieser Ruf begleitete ihn lange. Resultierte diese Schulzuschreibung teilweise auch aus polemisch-taktischen Motiven literarischer Gegner, so ist die Frage nach konzeptionellen Anhaltspunkten dadurch noch nicht erledigt. Schleiermachers persönliches wie sachliches Verhältnis zu Fichte ist mehrdeutig und provoziert das Bemühen um eine genauere Verhältnisbestimmung. Dagegen ist das Fehlen einer echten Wechselbeziehung, Fichtes Desinteresse, ja seine augenfällige Nichtbeachtung Schleiermachers durchaus bemerkenswert.

Die gebrochen-verwirrende Verquickung von konzeptionellem Beeindrucktsein und persönlicher Distanz ließ die Forschung zu sehr verschiedenen Gewichtungen und Beurteilungen des Einflusses Fichtes auf Schleiermacher kommen. Gerade die drei poetisierenden Frühschriften, in denen Schleiermacher seine Neukonzeption von Religion und Sittlichkeit vorträgt, lassen den Vermutungen großen Spielraum. Hatte Fichte, wie Emanuel Hirsch behauptet[3], eine zentrale Bedeutung für die Ausbildung des

---

1. Zitatnachweise und Belegverweise ohne Angabe des Autors beziehen sich auf Friedrich Schleiermacher.
2. Schleiermacher hat zu jedem Zeitpunkt seine Selbständigkeit verteidigt. Als er 1800 für einen Fichtianer gehalten wurde, war seine eigene Stellungnahme zu Fichte die des einschränkenden Lobs. Fichtes "Tugendlehre verdient allerdings gar sehr, daß man sie studirt, – dieß schließt aber nicht aus, daß sehr viel dagegen zu sagen wäre. Du siehst, wenn mir kein größeres Unglück droht als das Verfichten, so steht es noch gut genug um mich... Fichte muß ich zwar achten, aber liebenswürdig ist er mir nie erschienen. Dazu gehört, wie Du weißt, für uns etwas mehr, als daß man (ein), wenn auch der größte speculative Philosoph sey" (*Aus Schleiermacher's Leben. In Briefen* [= *Briefe*], Bd. 1-2, 2. Aufl., Berlin 1860, Bd. 3-4, hg. v. Ludwig Jonas/Wilhelm Dilthey, Berlin 1861-1863, Nachdruck Berlin/New York 1974; hier Bd. 4,74f).
3. Vgl. Hirsch: "Nur wenige Sachkundige werden heut noch leugnen, daß Fichte für Schleiermacher das philosophische Schicksal geworden ist. Er wird ihm in der ersten Berlinischen Zeit der philosophische Lehrmeister, aber ein von Anfang an nie geliebter und schließlich geradezu gehaßter Lehrmeister. Von 1799 an gehen Studium und Kritik Fichtes im Aneignen, Lernen, Abstoßen, Bekämpfen, Umbilden, Gegenbilden nebeneinander her, und

Schleiermacherschen Welt- und Selbstverständnisses? Oder war Schleiermacher, wie Wilhelm Dilthey meint[4], ein origineller Eklektizist, der aus Kant, Platon, Aristoteles, Spinoza, Fichte, Friedrich Schlegel, Schelling und Jacobi schöpfte und dessen Eklektizismus geprägt war durch eine Kombination von Fichtescher Transzendentalphilosphie und religiösspinozistischem Realismus? Oder läßt sich der Einfluß eines dieser Autoren[5] jeweils zentral herausstellen? Oder war Schleiermacher ein selbständiger Kopf, der, wie Eilert Herms urteilt[6], seine sachliche Eigenständigkeit rechtens behauptete – im doppelten Sinne?

Die Untersuchung dieses widersprüchlich gezeichneten Feldes der Wissenschaft stößt durch die Quellenlage auf erhebliche Schwierigkeiten. Die Texte, die eine direkte literarische Auseinandersetzung Schleiermachers mit Fichte belegen, sind nicht zahlreich: die Rezension von 1800 über Fichtes *Bestimmung des Menschen*, diejenige von 1807 über Fichtes *Grundzüge des*

---

das bis tief in die Erarbeitung der eignen Dialektik hinein. Das Verhältnis, an sich schon kaum entwirrbar, wird dadurch noch dunkler, daß der größere Teil dieser Auseinandersetzung sich verschwiegen oder in schwer deutbaren namenlosen Seitenbemerkungen abgespielt hat. Geist und Art der beiden Männer ist dazu so verschieden, daß Forscher, die den einen lieben, dem andern meist nur mühsam etwas abgewinnen, und umgekehrt. Man wird daher über Sinn und Umfang der Einwirkung Fichtes auf Schleiermacher noch lange nicht auf Einigkeit des Urteils rechnen können" (*Geschichte der neuern evangelischen Theologie*, Bd. 4, 4. Aufl., Gütersloh 1968, S. 504). Rudolf Haym (vgl. *Die Romantische Schule*, 4. Aufl., hg. v. Oskar Walzel, Berlin 1920, S. 592-595) und viele andere (z. B. Wehrung) interpretieren bis heute (vgl. K. Nowak, *Schleiermacher und die Frühromantik*, Weimar/Göttingen 1986, S. 288, Anm.1) Schleiermacher von Fichte her.

4. Vgl. W. Dilthey, *Leben Schleiermachers*, 3. Aufl., hg. v. Martin Redeker, Bd. 1,1 [= *Gesammelte Schriften*, Bd. 13,1], Berlin/Göttingen 1970, S. 313f; 333; 360; 374.

5. Vgl. G. Scholtz, *Die Philosophie Schleiermachers*, Darmstadt 1984, S. 9-90.

6. Herms, der "eine äußerst zurückhaltende Bewertung des Einflusses Fichtes auf Schleiermacher" (*Herkunft, Entfaltung und erste Gestalt des Systems der Wissenschaften bei Schleiermacher*, Gütersloh 1974, S. 252) empfiehlt, sieht Schleiermachers Verhältnis zu Fichte in Parallelität zu dem Friedrich Schlegels und durch diesen geprägt. "Die parallele Mischung von Fichteszustimmung und -kritik bei Schlegel und Schleiermacher läßt sich bis ins wörtliche Detail hinein verfolgen" (253). Im Gegensatz zur persönlichen Schätzung Fichtes durch Friedrich Schlegel sei Schleiermacher gegenüber Fichte immer distanziert gewesen. Herms summiert seine Beobachtungen: "Nirgendwo verstand Schleiermacher sich als Fichtes Schüler. Man wird zugeben müssen, daß er keiner ist. Das Verhältnis zu ihm ist ein wesentlich durch Schlegel vermitteltes und Schleiermachers Selbständigkeitsbewußtsein Fichte gegenüber sachlich wohl begründet. Die Theorie des unmittelbar erschlossenen Selbstbewußtseins hatte er sich unabhängig von Fichte in der Auseinandersetzung mit Jacobi erarbeitet. Seit Halle davon überzeugt, daß jedenfalls eine Theorie der Subjektivität die Ethik begründen müsse, war von daher eine grundlegende Gemeinsamkeit seiner Ethik mit der Fichteschen gegeben. Aber die negativen Auswirkungen von Fichtes abstrakter Theorie des Selbstbewußtseins auf dessen Ethik blieben ihm nicht verborgen. Persönliche Abneigung hat ihn nicht daran gehindert, Übereinstimmung und Differenz genau zu verzeichnen" (255f). Die Belege, die Herms beibringt, stützen nicht immer seine Interpretation.

gegenwärtigen Zeitalters, die einschlägigen Passagen in den *Grundlinien einer Kritik der bisherigen Sittenlehre* (1803), dazu Notate im vierten und fünften Gedankenheft 1800-1803. Aus diesen Quellen kann Schleiermachers Stellung zur Ethik Fichtes ziemlich genau, nur andeutungsweise aber die zur Wissenschaftslehre Fichtes erhoben werden. Gerade diese Beziehung ist aber für die zu gewinnende Einschätzung maßgeblich. Die Andeutungen der Quellen provozieren die Vermutungen der Interpreten. Durch die nur indirekte Aussagekraft der Schleiermacherschen Texte droht die in Rede stehende Untersuchung, besonders wenn sie auf die poetisierenden Frühschriften beschränkt wird, sich im Kreis zu drehen. Die Interpretation der *Reden* und der *Monologen* soll Antwort auf die Frage nach der Bedeutung Fichtes geben; sie hängt ihrerseits aber genau von der Beantwortung dieser Frage ab. Im folgenden möchte ich in zwei Längsschnitten die persönliche und wissenschaftliche Entwicklung der Beziehung Schleiermachers zu Fichte ins Licht zu stellen suchen, um dann in einem Querschnitt die Themenfelder der Auseinandersetzung näher zu beleuchten. Dabei ziele ich nicht auf einen systematischen Vergleich der beiden Konzeptionen, sondern nur auf die Erhellung der Schleiermacher leitenden Denkmotive. Ich werde nicht erörtern, ob Schleiermacher jeweils Fichte richtig verstanden hat.

Biographische Linien

Schleiermachers eingehendere Beschäftigung mit Fichte reicht zurück in die Anfänge seiner Amtszeit als reformierter Prediger an der Berliner Charité. Davor finden sich nur sporadische Berührungen[7]. Fichtes anonyme Religionsschrift *Versuch einer Critik aller Offenbarung*, die ihn 1792 im literarischen Deutschland schlagartig berühmt gemacht hatte, weil sie für die langerwartete Religionsschrift Kants gehalten worden war, hat Schleiermacher wohl 1793 gelesen, aber nicht eingehend untersucht und beurteilt[8].

---

7. In Schleiermachers vornehmlich ethisch orientierten *Jugendschriften 1787-1796* (KGA I/1, hg. v. Günter Meckenstock, Berlin/New York 1983) taucht der Name Fichtes nicht auf.
8. Die frühesten Briefzeugnisse stammen vom Dezember 1792, wo Schleiermacher von seinem Vater auf Fichtes anonymen *Versuch einer Critic aller Offenbarung* (Königsberg 1792; Fichte-Gesamtausgabe der Bayerischen Akademie der Wissenschaften [=Fichte: GA], hg. v. Reinhard Lauth/Hans Jacob/Hans Gliwitzky, Stuttgart-Bad Cannstatt 1962ff, hier Bd. I/1, 1964, S. 17-123) hingewiesen und um seine Stellungnahme gebeten worden war. Schleiermachers Vater hielt gegen Kants Dementi an dessen Autorschaft fest (vgl. *Briefwechsel 1774-1796*, KGA V/1, hg. v. Andreas Arndt/Wolfgang Virmond, Berlin/New York 1985, Nr. 202,79-87). Schleiermachers Freund Duisburg berichtete gleichzeitig von Fichtes Anwesenheit in Danzig (vgl. KGA V/1, Nr. 204,47f). Im April 1793 mahnte Schleiermachers Vater noch

Fichtes Berufung nach Jena im Frühjahr 1794, sein kometenhafter akademischer Aufstieg und seine enorme literarische Produktivität zogen auch Schleiermachers Aufmerksamkeit auf sich. Die praktisch-philosophischen Abhandlungen Fichtes standen für ihn zunächst im Vordergrund[9]. Schleiermachers Bekanntwerden mit Friedrich Schlegel im August 1797 bedeutete nicht den Beginn[10], wohl aber eine Intensivierung des Fichte-Studiums. Sie begannen zusammen "zu Fichtisiren"[11]. Der Plan, einen "Aufsatz über Kant und Fichte"[12] zu schreiben, kam 1799 nur reduziert in Gestalt der Schleiermacherschen Rezension[13] von Kants *Anthropologie* zur Ausführung. Die Fichte-Lektüre des Sommers 1798 sollte für die gemeinsam zu leistende Umgestaltung der Ethik genutzt werden[14]. Fichte war in den Diskussionen des Frühromantikerkreises durchaus präsent[15]. Sein mit einem sittlichen Urteil verbundener philosophischer Rigorismus stieß auf Schleiermachers sich verschärfende Ablehnung[16].

---

einmal die Stellungnahme Schleiermachers zu Fichtes Offenbarungskritik an (vgl. KGA V/1, Nr. 215,62-66). Aus Schleiermachers Antwort an den Vater vom Mai 1793 ist zu entnehmen, daß er diese Religionsschrift Fichtes wohl gelesen hatte, zu einer Beurteilung aber wegen der Ausleihe des Buches sich nicht imstande fühlte (vgl. KGA V/1, Nr. 216,25-28).

9. In seinen Notizen zur Vertragslehre ist Fichte ein noch durch Hufeland vermittelter Gesprächspartner (vgl. *Schriften aus der Berliner Zeit 1796-1799*, KGA I/2, hg. v. Günter Meckenstock, Berlin/New York 1984, S. 58), doch werden dessen naturrechtliche Überlegungen als so beachtenswert eingestuft, daß Schleiermacher sich zur Lektüre von Fichtes anonymem *Beitrag zur Berichtigung der Urtheile des Publikums über die Französische Revolution* (o.O. 1793; GA I/1,201-404) verpflichtet sah (vgl. KGA I/1,59). Fichtes *Grundlage der gesammten Wissenschaftslehre* (Leipzig 1794-1795; GA I/2, 1965, S.249-451) hat Schleiermacher zu dieser Zeit vermutlich noch nicht zur Kenntnis genommen, wohl aber dessen Abhandlung *Von der Sprachfähigkeit und dem Ursprung der Sprache* (1795; GA I/3, 1966, S. 97-127).

10. Friedrich Schlegel berichtete am 26.August 1797 aus Berlin an Friedrich Immanuel Niethammer: "Die Philosophie liegt freylich hier im Argen. Doch habe ich einen Prediger Schleyermacher gefunden, der Fichtes Shiften studirt und das [Philosophische] Journal mit einem andern Interesse als dem der Neugier und Persönlichkeit liest" (Kritische Friedrich-Schlegel-Ausgabe [= F. Schlegel: KA], Bd. 24, hg. v. Raymond Immerwahr, Paderborn/München/Wien/Zürich 1985, S.12).

11. F. Schlegel: KA 24.

12. Ibid.

13. Vgl. *Athenaeum*, Bd.2, Berlin 1799, S. 300-306; KGA I/2,365-369.

14. Vgl. *Briefwechsel 1796-1798*, KGA V/2, hg. v. Andreas Arndt/Wolfgang Virmond, Berlin/New York 1988, Nr. 483,16-46.

15. Vgl. KGA V/2, Nr. 459,22-24. Mitte Juli 1798 bestätigte Friedrich Schlegel beiläufig, wie wichtig für ihn Fichte war. Er schrieb an Schleiermacher: "Nun muß ich Dir noch das Räthsel lösen, daß Du mich befruchten sollst. Was für mich so unerschöpflich fruchtbar an Dir ist, das ist, daß Du existirst. Als Objekt würdest Du mir für die Menschheit seyn, was mir Goethe und Fichte für die Poesie und die Philosophie waren" (KGA V/2, Nr. 485,31-35).

16. Den nur Argumente akzeptierenden und sittlich qualifizierenden Verstehensanspruch in Fichtes *Versuch einer neuen Darstellung der Wissenschaftslehre* von 1797 (vgl.

Der Atheismusstreit führte im Frühjahr 1799 zur Entlassung Fichtes aus seiner Jenenser Professur. Anfang Juli 1799 kam Fichte privat ohne Familie für fünf Monate nach Berlin, um einen neuen Wohnsitz zu suchen. Schleiermacher lernte ihn, vermittelt durch Friedrich Schlegel, sehr bald kennen. Das persönliche Verhältnis stand von Anfang an unter keinem günstigen Stern. Charakter und intellektuelle Interessen beider waren zu verschieden. Mit der Rolle des bewundernden Schülers konnte sich Schleiermacher zu keinem Moment anfreunden. Sein latentes Unterlegenheitsgefühl, seine Furcht vor Nichtachtung ließ ihn auf Fichtes Reserviertheit empfindlich reagieren. Die Freundschaft beider zu Friedrich Schlegel komplizierte die Beziehung. Schleiermachers Bemühen um anerkannte Selbständigkeit, seine Rücksichtnahme auf Friedrich Schlegel und seine ambivalente philosophische Beurteilung Fichtes werden durch zahlreiche private Briefäußerungen dokumentiert. Als Fichte im März 1800 endgültig mit seiner Familie nach Berlin übergesiedelt war, dauerte der persönliche Kontakt noch bis Oktober 1800. Dann bewog der Streit um das Zeitschriftenprojekt der jungen Generation Schleiermacher zum Abbruch der einseitigen Beziehung.

Mit Schleiermachers Weggang nach Stolpe im Mai 1802 liefen auch räumlich die Lebenswege beider auseinander, um sich erst nach der Niederlage Preußens in Berlin im Jahr 1807 wieder zu kreuzen. Schleiermachers Stellung hatte sich zu einer schroffen Ablehnung Fichtes verschärft. Beide erhielten im Herbst 1807 eine Berufung an die neu zu errichtenden Berliner Universität. Bei deren organisatorischen Gestaltung und bei der Besetzung des Faches Philosphie trat ihre unterschiedliche Konzeption deutlich zutage. Schleiermacher suchte seit 1808 erfolglos, Henrich Steffens als zweiten Philosophen neben Fichte zu plazieren[17]. Fichte wurde 1810 der erste ernannte Dekan der Philosophischen Fakultät, Schleiermacher der der Theologischen Fakultät[18]. Im Senat trugen sie ihre Kontroversen aus. Als Mitglied der Akademie der Wissenschaften hielt Schleiermacher ab Sommersemester 1811 seine Vorlesungen über Dialektik genau in der Stunde, in der Fichte seine Wissenschaftslehre vortrug[19]. In seiner Rektorats-

---

Fichte: GA I/4, 1970, S. 185f) rügte Schleiermacher als sittliche Anmaßung (vgl. KGA I/2,12; 112; 119). Schleiermachers Widerspruch artikulierte sich schließlich 1803 (vgl. Briefe 3,353) in epigrammatischer Gestaltung (vgl. *Schriften aus der Berliner Zeit 1800-1802*, KGA I/3, hg. v. Günter Meckenstock, Berlin/New York 1988, S. 326 sowie H. Patsch, *Alle Menschen sind Künstler*, Berlin/New York 1986, S. 192) dieses 1797 erstmals formulierten Gedankens.

17. Vgl. *Briefe* 4,145.
18. Vgl. M. Lenz, *Geschichte der Königlichen Friedrich-Wilhelms-Universität zu Berlin*, Bd. 1, Halle 1910, S. 279.
19. Vgl. C.F.G. Henrici, *D. August Twesten nach Tagebüchern und Briefen*, Berlin 1889, S. 158.

rede *Über die einzig mögliche Störung der akademischen Freiheit*[20] sagte Fichte, der der erste gewählte Rektor war, am 19. Oktober 1811 den studentischen Ehrenhändeln (Duellen) und Landsmannschaften den Kampf an. Damit trat er in direkten Gegensatz zu Schleiermacher, der in seiner Reformschrift *Gelegentliche Gedanken über Universitäten in deutschem Sinn* (Berlin 1808) diese studentischen Sitten gebilligt hatte und auch im Senat entsprechend agierte. Bei zwei Disziplinarfällen, in die der jüdische Student Brogi verwickelt war, hatte Fichte im Senat keine Mehrheit und bat deshalb die Regierung um seine Entlassung[21]. Schleiermacher als Haupt der Mehrheitsfraktion hatte trotz einiger Blessuren gesiegt. Der schneidende Gegensatz blieb bis zum Tode Fichtes 1814 bestehen.

Literarische Wegzeichen

Schleiermachers Stellung zu Fichte ist der eines Kometen vergleichbar, der an einem Stern mit großer Masse vorbeifliegt, sich von ihm nicht einfangen und zum Planeten machen läßt und sich dann immer weiter von ihm entfernt. Zur Zeit der poetisierenden Frühschriften ist Schleiermacher am stärksten im Kraftfeld Fichtes, um dann fortschreitend zu immer schrofferen und ablehnenderen Urteilen über ihn zu kommen. Diese Entwicklung möchte ich knapp verdeutlichen, indem ich die einschlägigen Schriften vorstelle. Schleiermachers theologische, philologische und kirchenpolitischen Schriften sowie seine Predigten übergehe ich.

Was kannte Schleiermacher von Fichte? Was waren seine Quellen? Trotz der persönlichen Bekanntschaft und Begegnungen hat Schleiermacher wohl keine philosophischen Gespräche mit Fichte geführt. Ebenso hat er wohl nie eine der philosophischen Vorlesungen, die Fichte privat in Berlin gehalten hat, besucht[22]. Seine Kenntnisse sind also vornehmlich literarischer Art. Aber auch Berichte von Seiten Dritter (besonders Friedrich Schlegels) dürften als Quelle für Schleiermachers Kenntnisse und Beurteilungen in Betracht zu ziehen sein. Höchst verwirrend und schwebend ist die Quellenlage dadurch, daß Schleiermacher Fichte in einer Lebensphase begegnete, wo durch den Frühromantikerkreis sehr viele Anregungen an ihn kamen, wo

---

20. Vgl. Fichte, *Sämmtliche Werke*, hg. v. Immanuel Hermann Fichte, Bd. 6, Berlin 1845 (Nachdruck Berlin 1971), S. 448-476.
21. Vgl. Lenz, *Geschichte* 1,410-431 sowie *Fichte im Gespräch. Berichte der Zeitgenossen*, hg. v. Erich Fuchs, Bd. 4, Stuttgart-Bad Cannstatt 1987, S. 376ff.
22. Hirsch behauptet aufgrund weniger Andeutungen Schleiermachers Hörerschaft in Fichtes Vortrag der Wissenschaftslehre 1802 und zieht daraus weitreichende interpretatorische Folgerungen (vgl. *Geschichte* 4,563f).

er die verschiedensten Autoren las und an der Symphilosophie Friedrich Schlegels intensiv Anteil nahm. Die im Frühromantikerkreis umlaufenden Thesen Fichtes waren ihrerseits schon durch deren neue Sicht überformt. Auch hier galt der hermeneutische Überbietungsanspruch; danach konnten und wollten die Frühromantiker Fichte besser verstehen, als er sich selbst verstand. Die nicht literarisch dokumentierte Entwicklung Fichtes nach 1800 ist Schleiermacher verborgen geblieben. Schleiermachers Gesprächspartner ist also der Jenenser Fichte und der Fichte der populären Schriften. Mit Fichtes spekulativem Zentralstück, der *Wissenschaftslehre*, hat sich Schleiermacher literarisch nicht auseinandergesetzt; hier finden sich Äußerungen kritischer Art nur in seinen posthum veröffentlichten Vorlesungen zur Dialektik.

Schleiermachers erste Publikationen der Jahre 1798-1803 sind voller Anspielungen und versteckter Hinweise auf Fichte. Schon in seinen im *Athenaeum* veröffentlichten Fragmenten finden sich deutliche Anklänge an Fichtes Ichlehre[23]. Sein *Versuch einer Theorie des geselligen Betragens* vom Jahresanfang 1799 stellte in Anwendung Fichtescher Begriffskonstruktion zur Korrektur Fichtescher Ethik die freie Geselligkeit als wesentliches sittliches Tätigkeitsfeld dar[24].

In seinen im Sommer 1799 erschienenen Reden *Über die Religion* erwähnte Schleiermacher Fichte keinmal. Die Ambiguität der verborgenen Präsenz Fichtes drückte aber den Ausführungen Schleiermachers zur Konstitution der Religion ihren Stempel auf. Fichte war Wegbereiter und Stolperstein zugleich. Schleiermachers Abgrenzung gegenüber dem Kantisch-Fichteschen Idealismus setzt dessen Grundeinsichten gerade voraus; seine grundsätzliche Neuorientierung gegen Fichtes Transzendentalphilosophie bedient sich modifizierend derer Grundbegriffe. Die Grundlegung des empirischen Bewußtseins durch die doppelte Ichtätigkeit des theoretischen Erkennens und praktischen Handeln übernimmt Schleiermacher vereinfachend von Fichte. Vernünftiges Erkennen und Handeln haben für Schleiermacher ihre unbestreitbare eigene Legitimität und sind durch die transzendentale Vernunftkritik in ihr Recht eingesetzt worden. Sie bedürfen keiner religiösen Begründung oder auch nur Unterstützung. Im Gegenzug verwahrt sich Schleiermacher gegen alle Usurpationen der Metaphysik und Moral im Bereich der Religion. Fichte ist für ihn der vorschnell-frevlerische Aktivist, der gegenwärtige Prometheus, der die Beziehungen zum Unendlichen allein

---

23. Vgl. z.B. KGA I/2,148 (Fragment Nr. 338).
24. Vgl. KGA I/2,163-184. Schleiermachers Geselligkeitsbegriff, der von der Voraussetzung absoluter Selbsttätigkeit aus durch das dreifache (formelle, materielle, quantitative) Gesetz der geselligen Tätigkeit entfaltet werden sollte, zielt auf eine quantitativ-limitative Vermittlung der Tätigkeitssubjekte.

auf Metaphysik und Moral beschränken will[25]. Doch lasse sich aus Metaphysik und Moral über die Idee des Urwesens und des personifizierten Guten keine Religion gewinnen[26]. Fichtes Transzendentalphilosophie zerstöre ungewollt aber unvermeidlich die Einheit und Realität des Lebens; sie endige, indem sie Selbsttätigkeit und Selbstreflexion verabsolutiere, in der solipsistischen Wüste[27]. Dagegen stellt Schleiermacher den höheren Realismus, den die Religion im Anschauen des Universums erhält.

Schleiermachers Ausführungen zur Konstitution der Religion bleiben unscharf und gegenläufig. Weder treten seine Grundeinsichten deutlich hervor, noch können sie in ein zusammenstimmendes Lehrgefüge gebracht werden. Die Kombination von Gefühl und Anschauung des Universums zur Bestimmung der Religion bündelt unterschiedliche Motive. Durch den Gefühlsbegriff will Schleiermacher die Nichtintentionalität der religiösen Universumspräsenz, durch den Anschauungsbegriff deren Realität, durch beide die Passivität der Konstitution menschlicher Ichheit artikulieren. Dem Fichteschen Begriff der intellektuellen Anschauung stellt er den Begriff der Anschauung des Universums, den Korrelationsbegriff der Selbstanschauung[28], entgegen. Anschauung meint unmittelbares Außen im Innern, Gefühl die Innenseite dieser inneren Außenbeziehung. Schleiermacher will den nichtintentionalen Charakter der passiv-religiösen Universumsbeziehung durch den Gefühlsbegriff, deren nichtsolipsistischen Charakter durch den Anschauungsbegriff ausdrücken. Der Passivitätscharakter ist allerdings der empirischen Anschauung eigentümlich, nicht der von Fichte formulierten intellektuellen Anschauung, die als je aktuelle Selbstbeziehung, als unmittelbare Selbstvergegenwärtigung der Grundleistungen der Ichheit der Differenz von empfangendem Subjekt und empfangenem Objekt vorausliegt. Durch den Passivitätscharakter der religiösen Universumsbeziehung bekommt aber das Universum durch den Anschauungsbegriff Gegenstandscharakter, der die

---

25. Vgl. dazu: "Spekulazion und Praxis haben zu wollen ohne Religion, ist verwegner Übermuth, es ist freche Feindschaft gegen die Götter, es ist der unheilige Sinn des Prometheus, der feigherzig stahl, was er in ruhiger Sicherheit hätte fordern und erwarten können" (KGA I/2,212). Schleiermachers Polemik gegen Fichte korreliert seiner Lobeserhebung Spinozas, der für den höheren lebensvollen Realismus steht.
26. Vgl. auch *Briefe* 4,74f.
27. Vgl. dazu: "Und wie wird es dem Triumph der Spekulation ergehen, dem vollendeten und gerundeten Idealismus, wenn Religion ihm nicht das Gegengewicht hält, und ihn einen höhern Realismus ahnden läßt als den, welchen er so kühn und mit so vollem Recht sich unterordnet? Er wird das Universum vernichten, indem er es zu bilden scheint, er wird es herabwürdigen zu einer bloßen Allegorie, zu einem nichtigen Schattenbilde unserer eignen Beschränktheit" (KGA I/2,213).
28. Vgl. KGA I/2,127.

Verendlichung des Universums herbeiführt und damit alle Verwicklungen, denen Schleiermacher im Gefolge der Vernunftkritik entrinnen will. Bei der ziemlich vermittlungslosen Nebenordnung der Religion neben Metaphysik und Moral wird zwar die Selbständigkeit der Religion durch Provinzialisierung der Subjektivität erreicht; die Subjektivität wird aber nicht als vermittelte Einheit begriffen, die Religion nicht als Einheitsmoment in dieser Vermittlung. Die für Religion reklamierte Lebenseinheit steht als Motiv unverbunden neben dem der Selbständigkeit. Wie sich handelnde, erkennende und fühlend-anschauende Beziehung aufs Universum miteinander vertragen, was ihre Differenzierung sowohl für den Gegenstandsbegriff des Universums als auch für den Subjektsbegriff der menschlichen Ichheit bedeuten, wie aktive und passive Subjektivitätskonstitution zusammengedacht werden können, bleibt unerörtert. Latent deutet sich hier schon der Konflikt an zwischen einer umfassenden Deutung der Religion im Sinne der Letztbegründung und Ganzheit (inhaltliche Seite der Universumsanschauung, passive Konstitution) und ihrer unterscheidenden Deutung im Sinne einer spezifischen Lebensartikulation (formale Seite der Universumsanschauung, Religion als Darstellungssphäre, eine Lebensgestalt neben anderen).

In den *Monologen*, seiner "Neujahrsgabe" vom Januar 1800, vollzog Schleiermacher seine Auseinandersetzung mit Fichte unter dem Individualitätsaspekt. Nicht die Selbstanschauung der allgemeinen vernünftigen Ichheit, sondern die des individuell gebildeten Ich ist hier das Thema. Die Einheit von Philosophie und Leben wird gegen Fichte eingefordert. Das individuelle Ich ist das sittliche Ich, das gerade durch seine besondere Bildung seinen unverwechselbaren Beitrag leistet zur Darstellung des Unendlichen im Endlichen. Die *Monologen* basieren auf der Fichteschen Freiheitslehre innerer Selbsttätigkeit, modifizieren sie aber durch den Gedanken der Selbstwerdung. Die Bindung der Freiheit an das Sittengesetz heben sie auf. Vernünftige Allgemeinheit überführen sie in individuelle Geistigkeit. Schleiermachers sittliches Individuum ist durchaus gemeinschaftsbezogen.

Schleiermachers Rezension von Fichtes im Januar 1800 publizierter Schrift *Die Bestimmung des Menschen* ist formal eine Nachbildung der dreiteilig aufgebauten Fichteschen Schrift. So wie Fichte einen monologisierenden und dialogisierenden Wunschdenker fingiert, so fingiert Schleiermacher parodierend einen monologisierenden und dialogisierenden Wunschleser, der sich selbst den "Unphilosophen oder Naturphilosophen"[29] zurechnet. Diese Rezension spiegelt Schleiermachers schwebende Stellung zu

---

29. KGA I/3,243.

Fichte augenfällig ab. Nur durch die ironisch-gebrochene Fiktion des fragenden und geistbelehrten Wunschlesers kann Schleiermacher seine Vorbehalte ausdrücken. Fichtes Selbstdenker sei sittlich und religiös zu unbestimmt[30]. Da die menschliche Bestimmung nicht von außen komme, sondern durch und für die Vernunft im höchsten Gut gemacht werde, sei der Buchtitel und die Ausgangsfrage für eine Philosophie der Freiheit unangemessen[31]. Da der Moralismus notwendig und zureichend zum Unendlichen hinführe, sei zusätzlich der beschrittene Weg, der vom naturdinglichen Alltagsrealismus über den theoretischen Idealismus zum Gewissen führe, für eine Moralitätsphilosophie zweckwidrig[32].

In seinen *Vertrauten Briefen über Friedrich Schlegels Lucinde* fertigte Schleiermacher "Fichte's Ehetheorie"[33] knapp ab. Ähnlich wie bei den anderen beiden poetischen Frühschriften wird auch hier das Maß der Anknüpfung und Gemeinsamkeit überlagert vom Bemühen um Abgrenzung und eigene Profilierung. Während Fichte die Liebe als natürlich-vernünftige Selbsthingabe radikal feminisiert und dem männlichen Geschlechtstrieb kontrastiert[34], faßt Schleiermacher sie personalitätsbezogen[35] und verknüpft sie mit der individualitätsbezogenen Freundschaft als wesentliches Motiv der sittlichen Selbstwerdung. Das selbst- hingebende Bestreben des/der Liebenden, primär die/den Geliebten zu befriedigen, konstatiert Schleiermacher bei sich selbst[36]; er widerspricht damit der Fichteschen strikten Differenzsetzung von aktivem natürlich-unvernünftigem männlichem und passivem natürlich-vernünftigem weiblichem Geschlechtsverhalten, seiner Einschränkung der personalen Selbsthingabe auf das weibliche Geschlechtsverhalten, seiner aktivistischen Bestimmung des männlichen Geschlechtsverhaltens. Die erotische Beziehung hat für Schleiermacher volle sittliche Legitimität. Die Gleichwertigkeit und persönliche Entfaltung der Liebenden und die psychosomatische Ganzheit sind ihm wesentliche Gesichtspunkte der Geschlechterliebe.

In der zweiten Jahreshälfte 1802 sammelte Schleiermacher Notizen zu einem Dialog über Fichte[37]. Außerdem trug er sich 1803 mit Gedanken "zu einer Komödie auf Fichte, die aber schwerlich fertig und nie gedruckt wer-

---

30. Vgl. KGA I/3,245.
31. Vgl. KGA I/3,240-242.
32. Vgl. KGA I/3,242f.
33. KGA I/3,162.
34. Vgl. Fichte, *Das System der Sittenlehre*, Jena/Leipzig 1798, S. 443-450; GA I/5, 1977, S. 287-291.
35. Vgl. KGA I/3,135f (Gedanken IV, Nr.14).
36. Vgl. KGA I/3,135.
37. Vgl. KGA I/3,320 und 322 (Gedanken V, Nr. 150; 155).

den wird"[38]. Diese nicht realisierten Pläne sind wohl Seitenwerke seiner 1803 publizierten Schrift *Grundlinien einer Kritik der bisherigen Sittenlehre*, in der Schleiermacher die antiken und die modernen Sittenlehren hinsichtlich ihrer Prinzipien, Begriffe und Systemgestalt auf ihre innere Konsistenz prüft[39]. Fichtes Sittenlehre wird von ihm als derjenigen Kants gleichartig[40] und unter den neuzeitlichen hervorragend[41] eingestuft. Erstens sei Fichte ein Sittenlehrer des Handelns und Tätigseins, nicht einer des Genießens. Seine Ethik gehöre zu den Vollkommenheitssystemen und nicht zu den Glückseligkeitssystemen[42]. Seine am Pflichtbegriff orientierte Ethik sei stoisierend[43]. Fichte nehme einen zwiefachen Trieb an, den natürlichen und den vernünftig-sittlichen. Er kenne ein Übergehen aus dem einen in den andern. Alles Sittliche sei ihm gleichartig dadurch, daß es in eine Reihe gesetzt werde. Zweitens gehöre Fichte auf die Seite der begrenzenden und nicht der produzierenden Sittenlehre[44]. Darunter leide die Eindeutigkeit der sittlichen Grundsätze sehr. Fälle von Pflichtbefolgung müßten nicht gesucht, sondern nur als sich darbietend vollbracht werden. Der sittliche Trieb wähle aus dem sich durch den Naturtrieb Darbietenden das aus, was ihm formal angemessen sei[45]. Die Unterlassung der sittlichen Tätigkeit werde nicht als widersittlich beurteilt[46]. Das Nichtwahrnehmen einer Pflicht, durch das eine sittliche Lücke entsteht, werde bei Fichte gar nicht als verschuldete Schwäche erörtert, sondern der mangelnden Darbietung des Naturtriebes zugeschrieben[47]. Schleiermacher resümiert, daß Fichte die von ihm geforderte und ethisch notwendige "Einheit des menschlichen Thuns und Strebens"[48] nicht gefunden habe. Das Gebiet des Sittlichen sei in seinem Umfang reduziert auf die Beherrschung der Natur[49]. Die Zielsetzung der Sittlichkeit,

---

38. *Briefe* 1,370.
39. Vgl. *Sämmtliche Werke* [=SW], Bd. III/1, Berlin 1846, S. 1-344.
40. Vgl. SW III/1,207. Fichte sei "folgerechter und genauer" (274) als Kant; er verrate im einzelnen "die bessere Tendenz" (279).
41. In Fichte beurteilte Schleiermacher "den vorzüglichsten der heutigen Sittenlehrer" (SW III/1,293; vgl. 307). Bei Fichtes "Sittenlehre, welche weiter als andere zurückgeht in ihren Ableitungen" (296), sei der Unzusammenhang dann um so augenfälliger (vgl. 279; 296).
42. Vgl. SW III/1,39.
43. Vgl. SW III/1,45f; 54; 94f; 155; 227; 265.
44. Vgl. SW III/1,52.
45. Vgl. SW III/1,54f.
46. Vgl. SW III/1,96.
47. Vgl. SW III/1,99.
48. SW III/1,105.
49. Vgl. SW III/1,293.

die erstrebte Unabhängigkeit des Ich sei ethisch überschwenglich[50] und laufe auf die Selbstaufhebung des Ich hinaus[51].

Fichte habe vorbildliche Bedeutung für die Aufgabenformulierung einer systematischen Verortung der Ethik, einer stringenten Einordnung in eine restlos überzeugende philosophische Grundwissenschaft. Fichtes nicht linear-deduktives, sondern zirkulär-interdependentes Systemprogramm der Wissenschaftslehre könne strukturell das Fundierungsbedürfnis der Ethik erfüllen[52]. Schleiermacher bejaht die Fichtesche Aufgabenformulierung und lehnt dessen Realisierungsprogramm ab. Aber nicht nur gegen Fichtes Wissenschaftslehre richtet sich seine Skepsis; vielmehr trifft auch dessen Ableitung der Ethik aus der Wissenschaftslehre das Verdikt des Ungenügens[53]. Fichte könne nicht voraussetzungslos seine Sittenlehre aus dem höchsten Grundsatz der Selbsttätigkeit entwickeln, sondern sei einer Ergänzung in bezug auf den Gehalt bedürftig[54]. Seine Untersuchung der Fichteschen Verknüpfung der Ethik mit der philosophischen Grundwissenschaft summiert Schleiermacher dahin, daß sie "für unhaltbar und wie nicht vorhanden anzusehen"[55] sei.

In der 2. Auflage seiner *Reden* 1806 unterzog Schleiermacher seine Ausführungen zur Konstitutionsthematik der Religion einer grundlegenden Revision[56]. Diese konzeptionelle Änderung ist auch für sein Verhältnis zu Fichte belangvoll. Die gewandelte philosophische Diskussionslage macht sich darin bemerkbar, daß Schellings spekulative Naturwissenschaft Fichtes

---

50. Vgl. SW III/1,94.
51. Vgl. SW III/1,32.
52. Das Bestreben nach wissenschaftlicher Fundierung der Ethik "kann seine Ruhe nirgend anders finden, als in der Bildung einer – wenn hier nicht ein höherer Name nöthig ist – Wissenschaft von den Gründen und dem Zusammenhang aller Wissenschaften. Diese nun darf selbst nicht wiederum wie jene einzelnen Wissenschaften auf einem obersten Grundsaz beruhen; sondern nur als ein Ganzes, in welchem jedes der Anfang sein kann, und alles Einzelne gegenseitig einander bestimmend nur auf dem Ganzen beruht, ist sie zu denken, und so daß sie nur angenommen oder verworfen, nicht aber begründet und bewiesen werden kann. Eine solche höchste und allgemeinste Erkenntniß würde mit Recht Wissenschaftslehre genannt, ein Name, welcher dem der Philosophie unstreitig weit vorzuziehen ist, und dessen Erfindung leicht für ein größeres Verdienst zu halten ist, als das unter diesem Namen zuerst aufgestellte System. Denn ob dieses die Sache selbst gefunden habe, ist noch zu bestreiten, so lange es nicht in einer ungetrennten Darstellung bis zu den Gründen aller wissenschaftlichen Aufgaben und den Methoden ihrer Auflösung herabgeführt ist. Jene aber hält, wodurch allein schon zur Erreichung des lezten Endzwekkes nicht wenig gewonnen ist, die Aufmerksamkeit immer auf das höchste Ziel des menschlichen Wissens gerichtet" (SW III/1,18).
53. Vgl. SW III/1,20-32.
54. Vgl. SW III/1,101.
55. SW III/1,32.
56. In der Zueignung an seinen schwedischen Freund Carl Gustaf von Brinkman spricht Schleiermacher die terminologische, die stilistische und auch die darstellungsmäßige (d.h. sachliche) Überarbeitungsbedürftigkeit der ersten Auflage seiner *Reden* aus.

Transzendentalphilosophie als theoretische Spitzenwissenschaft abgelöst hat[57]. Schleiermacher differenziert die Lebensaspekte, als deren Mischgestalt die Religion fälschlich häufig erscheine, im Sinne seiner eigenen vierfachen Systematik: Handeln in sittliches Leben und Kunst, Wissen in Physik und Ethik[58]. Fichtes Idealismus hat keine epochale Bedeutung mehr. Die Warnung vor dessen Realitätslosigkeit bleibt bestehen. Fichte ist prima vista kein vorzüglicher Gesprächspartner mehr, dafür aber latent durchaus wirkmächtig. Er verfällt einer schärferen Kritik, indem seine höchste spekulative Einheit als gegenüber der Religion vorletzte entdeckt wird[59]. Die Selbstbewußtseinskonzeption Fichtes treibt Schleiermacher zu den Überbietungsansprüchen der Religion.

Schleiermachers Religionsbegriff ist nun ersichtlich doppelsinnig. Einerseits steht im Medium des Gefühls die Religion neben Handeln und Wissen, andererseits steht im Medium von Anschauung und Gefühl die Religion über diesen beiden anderen Selbstbewußtseins- formationen. Zwar ist der Gefühlsbegriff für die Wesensbestimmung der Religion eindeutig vorrangig; damit soll den erkenntniskritischen Bedenken gegen den Anschauungsbegriff Rechnung getragen werden. Doch taucht in markanten Aussagen auch weiterhin der Anschauungsbegriff auf, der in sich spannungsvoll ist: er tritt auf die Seite der wissenschaftlichen Welterkenntnis[60], charakterisiert aber doch in Verknüpfung mit dem Gefühlsbegriff weiterhin die ursprüngliche Einheit der Religion[61]. Soll Schleiermacher keine Unachtsamkeit und Nachlässigkeit unterstellt werden, so muß die Doppelgleisigkeit der Wesensbestimmung auf konzeptionelle Motive hindeuten. Bei der Verknüpfung von Anschauungs- und Gefühlsbegriff zielt Schleiermacher in umfassender Deutung der Religion auf deren Höchstgeltung, die die anderen Gemütsvermögen unter sich befaßt und deshalb eigenständig explizierbar sein muß. Im Gefühlsbegriff artikuliert er in differenzierender Deutung der Religion deren relative Autonomie, die die passive unmittelbare Einheit von Universum und Gemüt neben deren aktive durch die Bewußtseinsstruktur geprägte Einheit stellt.

In der ausführlichen Rezension[62] von Fichtes Popularschrift *Grundzüge des gegenwärtigen Zeitalters* ist die allseitige Polemik Schleiermachers kaum

---

57. Vgl. Reden, 2. Aufl., S. 58.
58. Vgl. ibid., 45-52.
59. Vgl. ibid., 67f.
60. Vgl. ibid., 65; 76.
61. Vgl. ibid., 74.
62. Vgl. *Jenaische Allgemeine Literatur-Zeitung* [=JALZ] vom Jahre 1807, Jg. 4, Bd. 1, Nr. 18-20, Sp.137-160.

verdeckt[63]. Schleiermacher bemängelt hauptsächlich den unübersehbar konstruktiven und rhetorisch-appellativen Charakter der Fichteschen Ausführungen, deren Verfahren und Geschichtsbegriff, die Zeitalterkonstruktion und die Hypothese des Normalvolkes. Schleiermacher attestiert Fichte "zusammengesuchte und ausgesuchte Einfälle, die recht gesucht seyn wollten, und zauberisches Aufbauen, des Zeitalters wenigstens, aus mancherley Gedanken, nur nicht aus der durchaus klaren historischen Anschauung, und eigenliebige Betrachtung des eigenen Werthes, und Scheu vor der Mühsamkeit des Empirischen"[64]. Schleiermacher macht sich wiederholt lustig über Fichtes strenge Entgegensetzung des apriorisch deduzierten Weltplans mit seinen wahren Grundzügen der Geschichte gegenüber den aposteriorisch aufgefaßten Erläuterungen aus der empirischen Geschichte[65]. Besonders Fichtes Schilderung der Christentumsgeschichte findet Schleiermacher skandalös[66]. Schleiermacher hält den bei Fichte beobachteten doppelten Haß gegen die Naturphilosophie[67] und das kirchliche Christentum für "besonders wegen der höchst treulosen Darstellung merkwürdig"[68]. Das von Fichte favorisierte johanneische Christentum ohne Versöhnungsgedanken sei ohne jede Eigenart und halte keiner kritischen Betrachtung der Quellen stand. Fichte bekämpfe ein Zerrbild von Theologie und Kirche mit längst stumpf gewordenen und verbrauchten Waffen. Schleiermacher verurteilt Fichtes Schonung des Katholizismus zuungunsten des Protestantismus.

In der 2. Auflage der *Monologen* (1810) nahm Schleiermacher nicht nur eine stilistische Überarbeitung in "Kleinigkeiten", sondern auch einige programmatische "Aenderungen"[69] vor. Dabei ist im Blick auf Fichte kennzeichnend, daß diese Änderungen durchweg der Distanzierung dienen. Die hochgestimmte Selbstgewißheit, mit der Schleiermacher das höhere Leben des Geistes als Freiheit und Unendlichkeit der inneren Selbsttätigkeit schildert, der Körperwelt strikt entgegenstellt und den verpflichtenden sozialen Normen vorordnet, ermäßigt er nun, indem er die absolute sittlich-

---

63. Vgl. dazu: "Fichte ist mir durch die *Grundzüge*, wenn ich das rechte Wort gebrauchen soll, so ekelhaft geworden, daß ich die anderen Blätter des Kleeblatts [sc. *Anweisung zum seligen Leben* sowie *Über das Wesen des Gelehrten und seine Erscheinungen im Gebiete der Freiheit*] gar nicht einmal lesen mag" (*Briefe* 4,133).
64. JALZ 1807, Bd. 1,160.
65. Vgl. ibid., 143; 146f; 149.
66. Vgl. ibid., 154f.
67. Vgl. ibid., 157; 159.
68. Vgl. ibid., 156.
69. *Monologen*, 2. Aufl., S. IV (Vorrede).

geistige Individualität in die Sphäre der physischen, sozialen und moralischen Wechselwirkung hineinbindet[70].

In seinen 1811 erstmals gehaltenen Vorlesungen über Dialektik, die im folgenden vornehmlich in der Gestalt von 1814 herangezogen werden[71], führte Schleiermacher die Auseinandersetzung mit Fichtes Wissenschaftslehre zumeist implizit. Es läßt sich nur schwer im einzelnen ausmachen, inwieweit Schleiermachers Dialektik, die zwischen einer systematischen und instrumentellen Konzeption oszilliert, durch die bewußte Auseinandersetzung mit Fichte geprägt ist. Philosophie ist dem Ideal der Wissenschaft verpflichtet; sie ist auf dem Wege, Wissenschaft zu werden. Die Dialektik gibt die Regeln an, wie Fortschritte auf diesem Wege erzielt werden können. Sie regelt den Prozeß der Überführung unvollkommenen, d.h. strittigen Wissens in vollkommenes allgemeingültiges Wissen. Dabei verfährt sie konstruktiv und kritisch. Wissen ist nach Schleiermacher gekennzeichnet durch logische Notwendigkeit und metaphysische Realität. Damit der dialektische Gedankenprozeß "Sicherheit des Erfolgs"[72] haben kann, sind gemeinsame Kombinationsregeln und ein diese begründendes ursprüngliches transzendentales Wissen vorausgesetzt. Die dialektische Kunst kommt an ihr Ziel und vollendet sich "in der Construction des Organismus des Wissens, und in so fern ist sie Wissenschaftslehre, wie es die ausdrükklich so genannte nicht geworden ist, indem diese Wissenschaftswissenschaft sein wollte"[73]. Philosophie als Wissenschaft ist erst etabliert, wenn die Totalität der Erkenntnisgegenstände von der Totalität der Erkenntnissubjekte in intersubjektiv eindeutigen Erkenntnisakten erfaßt wird. Für Schleiermacher ist dies ein offener unabschließbarer Entwicklungsprozeß, in dem das reale Wissen im Streit der verschiedenen Auffassungen auf seine konstitutiven Wissensakte hin durchgeklärt wird. Er ist unabschließbar, weil das Absolute als Grund und Grenze nie erreicht werden kann. Die absolute Einheit des Seins und die absolute Mannigfaltigkeit des Erscheinens sind nicht wissensfähig, da weder begriffs- noch urteilsfähig, aber sie "sind die transzendentalen Wurzeln alles Denkens und also auch alles Wissens"[74]. Damit lehnt Schleiermacher den Geltungsanspruch der Fichteschen Wissenschaftslehre, die Wissenschaft vom Wissen zu sein, als hypertroph

---

70. Vgl. ibid., 12; 28.
71. Ludwig Jonas hat seiner Edition der *Dialektik* in SW III/4,2 (Berlin 1839) die nachgelassenen Ausarbeitungen der Vorlesung aus dem Jahr 1814 zugrundegelegt. Die Schleiermacherschen Leitsätze hat er durch eine fortlaufende Paragraphenzählung erfaßt.
72. SW III/4,2 S. 18 (§ 46).
73. Ibid., 19f (§ 47).
74. Ibid., 92 (§ 165).

ab[75]. Schleiermacher hat von Anfang an die individuelle Wissensproduktion und die daraus sich ergebende Wissensvermittlung im Auge. Gleichmäßigkeit der Produktion stellt die intersubjektive Gültigkeit sicher[76]. Indem Schleiermacher den Philosophen als denkendes Individuum in den Blick nimmt, schärft er seine Irrtumsfähigkeit gegen zu weit gehende wissenschaftliche Prätentionen ein[77]. Schleiermacher lehnt eine deduzierende Philosophiegestalt aus einem höchsten Grundsatz ab[78], desgleichen die Welterkenntnis aus einem bloß positiven Ich und einem bloß negativem Nicht-Ich[79].

Schleiermachers Stellung zu Fichte entwickelte sich von einer differenzierten Beachtung zu einer eindeutigen Ablehnung, die Merkmale einer negativen Fixierung hat.

Hauptzüge der Auseinandersetzung

Nach den beiden Längsschnitten zur persönlichen und wissenschaftlichen Entwicklung wende ich mich nun dem Querschnitt durch die Themenfelder zu.

Die Auseinandersetzung Schleiermachers mit Fichte kann nicht so begriffen werden, daß er säuberlich präpariert bestimmte Thesen übernommen[80], andere verworfen[81], wieder andere modifiziert habe. Vielmehr waren für ihn, wohl stark durch Friedrich Schlegel vermittelt und überformt, die großen Tendenzen der Fichteschen Philosophie wichtig, die sich durchaus mit eigenen Anliegen treffen und diese verstärken konnten. Wie schon bei Kant, so mußte Schleiermacher auch bei Fichte feststellen, daß die Ausführung hinter dem Programm zurückblieb. Von Fichte aus ließ sich trefflich gegen Fichte argumentieren, um ein individuelles sittlich-religiöses Lebensverständnis auf der Basis der Vernunftkritik zu errichten. Schleiermacher las Fichte unter dem Aspekt der eigenen Zentralfragen, die auf die Ganzheit, die Realität, die Individualität und die Geschichtlichkeit des Lebens sowie die Vollständigkeit des Systems zielen.

---

75. Vgl. ibid., 10f (§§ 21; 23).
76. Vgl. ibid., 47 (§ 91).
77. Vgl. ibid., 193f (§ 246).
78. Vgl. ibid., 35f (§§ 77f)
79. Vgl. ibid., 129f (§ 196,2).
80. Vgl. z.B. Schleiermachers Zustimmung zu Fichtes Systemprogramm.
81. Vgl. z.B. Schleiermachers Polemik gegen "Fichtes Anstoß" (KGA I/3,297).

1) Lebensganzheit:

Das Verhältnis von Leben und Reflexion hat schon früh die Rezeption Fichtescher Überlegungen durch Schleiermacher, für den die Ganzheit des Lebens zentral war, modifiziert. Bei diesem Themenfeld verschränken sich sachliche und persönliche Gesichtspunkte. Hier melden sich die vorreflexiven Einstellungen und Wertschätzungen der je verschiedenen Charaktere und Talente zu Wort. Fichtes Ablehnung des kirchlichen Christentums und seine tätiges Engagement für die Freimaurerei stieß auf Schleiermachers religiöse Antipathie. Indem Schleiermacher die Verknüpfung von unmittelbarem Alltagsverhalten und vernünftig-kritischer Reflexion philosophisch einforderte, zeigte sich genau diese Verknüpfung lebenspraktisch wirksam[82]. Schleiermacher faßte Fichtes Differenzsetzung[83] als Beeinträchtigung der Lebenskultur und Vereinseitigung der Philosophie auf[84]. Schleiermacher

---

82. Schleiermacher schrieb am 4. Januar 1800 an Brinkman: Fichte "habe ich freilich kennen gelernt: er hat mich nicht sehr afficirt. Philosophie und Leben sind bei ihm – wie er es auch als Theorie aufstellt – ganz getrennt, seine natürliche Denkart hat nichts Außerordentliches, und so fehlt ihm, so lange er sich auf dem gemeinen Standpunct befindet, alles was ihn für mich zu einem interessanten Gegenstand machen könnte. Ehe er kam, hatte ich die Idee, über seine Philosophie mit ihm zu reden, und ihm meine Meinung zu eröffnen, daß er mir mit seiner Art, den gemeinen Standpunct vom philosophischen zu sondern, nicht recht zu gehen scheine. Diese Segel habe ich aber bald eingezogen; da ich seh' wie eingefleischt er in der natürlichen Denkart ist, und da ich innerhalb seiner Philosophie nichts an derselben auszusetzen habe, das Bewundern aber für mich kein Gegenstand des Gesprächs ist, und es außerhalb derselben keine andern als die ganz gewönlichen Berührungspuncte gab, so sind wir einander nicht sehr nahe gekommen. Lehrreich ist er nicht; denn detaillirte Kenntnisse scheint er in andern Wissenschaften nicht zu haben, (auch in der Philosophie nicht einmal, insofern es Kenntnisse darin giebt,) sondern nur allgemeine Uebersichten, wie unser einer sie auch hat. Das ist übrigens sehr schade, weil er eine ganz herrliche Gabe hat, sich klar zu machen, und der größte Dialektiker ist den ich kenne. So sind mir auch eben keine originelle Ansichten und Combinationen vorgekommen, wie er denn überhaupt an Wiz und Fantasie Mangel leidet. Ueberdies habe ich ihm zulezt abgemerkt, daß er ein beinahe passionirter Freimaurer ist, und früher schon bin ich gewahr worden, daß er nothdürftig Eitelkeit besizt, und gar gern Parteien macht, unterstüzt und regiert, – und was solche Wahrnehmungen auf mich für einen Eindruck machen können, weißt Du ohngefähr" (*Briefe* 4,53).

83. Fichtes Verhältnisbestimmung von Reflexion und Leben war doppelsinnig und kontextabhängig. Einerseits um der sittlichen Gleichwertigkeit aller Menschen, um der Entlastung der bloß zuschauenden Wissenschaft von allem Realisierungsdruck und um der Befreiung des unmittelbaren Lebens vom toten Formelwesen willen schärfte er den Unterschied beider Sphären ein, anderseits wegen des sittlichen Freiheitscharakters des Philosophierens betonte er gegen jeglichen Intellektualismus ihre Verwobenheit. "Was für eine Philosophie man wähle, hängt sonach davon ab, was man für ein Mensch ist: denn ein philosophisches System ist nicht ein todter Hausrath, den man ablegen oder annehmen könnte, wie es uns beliebte, sondern es ist beseelt durch die Seele des Menschen, der es hat" (GA I/4,195).

84. Vgl. dazu: "Es ist die Beschränktheit der Philosophie beides zu trennen[;] ihr Leben ist todt ohne Reflexion und ihre Philosophie ist ein lebloses Gemälde wenn sie erst das Licht

hatte die Lebensganzheit des Philosophen im Blick. Er wollte Kunst, Geselligkeit und Frömmigkeit nicht einer reflexionslosen Dumpfheit überlassen. Die Vermittlung der Philosophie zum Alltagsverhalten, die er bei Fichte nur im Appell sah, wollte er durch ein Geflecht kultureller Wechseleinwirkungen erreichen.

2) Realität:
Den Begriff der intellektuellen Anschauung, den Fichte sowohl unter dem Aktuositätsaspekt als auch dem Begründungsaspekt des Bewußtseins faßte, ordnete Schleiermacher allein der Idealität des absoluten Ich zu. Deshalb sah er Fichtes Wissenschaftslehre sowohl in einen transzendentalen Solipsismus als auch in einen haltlosen Aktivismus münden. Kontrastierend konzipierte er die Anschauung des Universums und die Selbstanschauung als Wechselbegriffe. Die Universumsanschauung soll den höheren Realismus, die Selbstanschauung die sittlich-geistige Individualität gewährleisten. Im Universumsbegriff, der Welt und Selbst umfaßt, denkt Schleiermacher die Präsenz des Unendlichen im Endlichen. Die Religion ist die Mittlerin zwischen den antagonistischen und dualistischen Tendenzen der zeitgenössischen Realitätsauffassung[85]. Natur und Menschheit sind Stufen der individuierenden Offenbarung des Universums im Endlichen. Die religiöse Ursprungserfahrung wird in der Religion zu Anschauung und Gefühl des Unendlichen, die beide Gegenstand des Wissens werden können.

3) Individualität:
Schleiermacher bemängelte Fichtes abstrahierende Konzentration auf die allgemeine ichhafte Vernunft. Er forderte die Ergänzung durch Liebe und Phantasie[86]. Daß Fichte nicht nur an einem allgemeinen gesetzlichen Zustand der Sittlichkeit orientiert war, streifte Schleiermacher in einer Beobachtung seiner *Grundlinien*, die er aber gleich wieder abwertete[87]. Er billigte Fichte zu, daß er als einziger Moderner die Fragen der konkreten Lebensgestaltung wie Ehe- und Familienwahl überhaupt erwähnt und der Eigentümlichkeit der Individualität zugestellt habe[88]. Fichtes Berufsgedanke, der mit der notwendigen Reihung der Pflichten die sittliche Individualität formuliere, sei aber nicht ausreichend, weil die Vernünftigkeit des Menschen

---

des Lebens verlöschen müßen um durch den engen Raum der Abstraktion ihr inneres abzubilden" (KGA I/2,127).
85. Vgl. KGA I/2, 209.
86. Vgl. SW III/1,100.
87. Vgl. ibid., 66.
88. Vgl. ibid., 110.

ja gerade die Gleichartigkeit, die Aufhebung der Besonderheit bedeute[89]. Fichtes Sittenlehre erreiche nur vergesellschaftete, d.h. rechtliche Sittlichkeit[90]. Gerade beim Individualitätsthema meinte Schleiermacher sich Friedrich Heinrich Jacobi nahe[91].

4) Geschichtlichkeit:
Durch seine Liebe zu den antiken Schriftstellern war Schleiermacher der geschichtlichen Welt offen zugewandt. Das Verhältnis von Vernunft und Geschichte hat Schleiermacher pointiert in seinem V. Gedankenheft ins Visier genommen. Aus Friedrich Schlegels Mund hatte Schleiermacher vermutlich von Fichtes Satz gehört, er wolle lieber Erbsen zählen als Geschichte studieren. Diese pointierte Gegensatzbildung kehrt Schleiermacher in ihr Gegenteil um und wendet sie gegen Fichte. "Ein ächter Historiker könnte wol sagen er wollte lieber Erbsen zählen als sich mit der Transcendentalphilosophie abgeben"[92]. In diesem Sinn kritisierte Schleiermacher dann 1806/07 die sophistische Künstlichkeit der Fichtesche Zeitalterkonstruktion. Dabei würdigte er nicht das treibende Motiv, nämlich Fichtes Bewußtsein der epochalen Bedeutung der Wissenschaftslehre. Deshalb liegt alle Kraft Fichtes auf dem Appell zum Überschritt von der durch haltlose Verstandestätigkeit bestimmten Gegenwart in die durch wissenschaftliche Vernunftpraxis bestimmte Zukunft. Schleiermacher vermutete eine Selbstüberschätzung des Eigenwertes bei Fichte[93], doch banalisierte er damit das prophetische Moment. Er verlor über dem gewalttätig-konstruktiven Verfahren das Wahrheitsmoment der Fichteschen Zeitalterkonstruktion aus den Augen, das darin liegt, daß jede Gegenwart sich von der Vergangenheit erinnernd löst und für die Zukunft öffnet. Dies muß keine Geschichtsklitterung sein, sondern kann der Identifizierung der Bausteine der eigenen Selbstwerdung dienen.

---

89. Vgl. ibid., 61f.
90. Vgl. ibid., 63.
91. Vgl. *Briefe* 4,73.
92. KGA I/3,298.
93. Vgl. JALZ 1807, Bd. 1,160.

5) Vollständigkeit des Systems:
Ein wichtiger Kritikpunkt Schleiermachers gegen Fichte ist das Fehlen einer Physik bei ihm[94]. Schleiermacher dachte möglicherweise 1802 an eine gegenseitige Ergänzung von Fichte und Schelling. 1807 in seiner Rezension stellte er Fichtes Defizienz in einem ironischen Monitum fest: er wünsche sich Ausführungen Fichtes zur Physik, nicht zur Ethik und zur Religionslehre[95]. Dabei hatte er offensichtlich, ohne Fichtes Vorbehalt gegen jede spekulative Konstruktion der Empirie zu berücksichtigen, eine spekulative Naturwissenschaft im Auge, wie sie Henrich Steffens in seiner Schrift *Grundzüge der philosophischen Naturwissenschaft* (Berlin 1806) entwickelt hatte.

So wie Schleiermacher nie Kantianer, aber die Auseinandersetzung mit Kant für die Formulierung seiner eigenen Philosophie von prägender Bedeutung war, so empfing er von Fichte in transzendentalphilosophischer und ethischer Hinsicht wichtige Anstöße. Fichte war nicht Vorbild für einen Nachahmer, sondern Anreger für einen Selbstdenker bei der Formulierung der wichtigen Aufgaben und Fragestellungen. Schleiermacher begegnete ihm als Werdender, nicht als Fertiger. Dabei folgte er demselben Muster, das sich auch in seiner Auseinandersetzung mit Kant, eingeschränkt auch mit Spinoza beobachten läßt. Schleiermacher rezipierte diese Autoren so, daß er die ihm wichtigen Grundeinsichten aufgriff und gegenüber den Ausarbeitungen des Autors verbesserte. Er war immer ein Lernender, der die Prinzipien konsequent und kritisch auch gegen den Lehrer handhabte.

---

94. Dieses Monitum findet sich schon im V. Gedankenheft, Nr. 149: "Aus dem Idealismus sind Zwey verschiedene Theorien ausgegangen. Die fichtesche welcher durch die ganze Anlage und Gesinnung keine Physik möglich ist, und die schellingsche welcher auf eben der Art keine Ethik möglich ist. Zu beweisen ist demnach daß auch die Physik des lezten und die Ethik des ersten schlecht und leer seyn muß, ohnerachtet der Bewundernswürdigkeit der Zurüstungen" (KGA I/3,320).

95. Schleiermacher mahnt für die Darstellung der Physik aus dem Lichte der Vernunftwissenschaft ein besseres Ergebnis an als Fichtes mißlingendes Bemühen um die Geschichte, weil seine "historische Kunst den Profanen die Geschichte offenbar nicht aufschließt" (160), weil Sittlichkeit sich allein nicht verstehen könne und weil Religion bei der hier geübten "so frechen leichtsinnigen Handlungweise" (160) übel leiden müsse.

THE PROBLEM OF THE RELIGIOUS IN THE PHILOSOPHICAL PERSPECTIVES OF FICHTE AND SCHLEIERMACHER

Giovanni Moretto − Genova

I.

Because of their extreme differences in character and temperament, Schleiermacher and Fichte certainly were not destined to understand each other.[1] Only Friedrich Schlegel momentarily deluded himself that he could instigate a fruitful, ongoing dialogue between them. In fact, had Schlegel not, as early as 1797, defined Schleiermacher as a moral and speculative character, inclined to criticism? And was that not the current description of the character of the philosopher who was born in Rammenau? And if later Schleiermacher would say of Fichte that he is "the greatest dialectician" he knows, had not Schlegel already discerned in his fellow tenant at the Charité of Berlin a "dialektische Kraft, die recht Fichtisch ist"?[2] It would appear that Schlegel's search for common traits in Schleiermacher and Fichte had become an "idée fixe," a kind of "Schlegelian trompete" (*Schlegelsche Posaune*) which, according to what Brinkman wrote to Schleiermacher, "also

---

1. Fichte himself had recognized very early on that their two characters were decidedly mutually exclusive (cf. *Fichte in vertraulichen Briefen seiner Zeitgenossen*, ed. H. Schulz, Leipzig 1923, p. 141). F.K. von Savigny, who considered himself to be the friend of both, saw "something hard, something loyal" in Fichte, whereas he described Schleiermacher as a man who was "extraordinarily wise, subtle, and truly gracious in his relationships with others" (A. Stoll, *Friedrich Karl von Savigny. Professorenjahre in Berlin 1810-1842*, Berlin 1929, p. 61). August Twesten, in turn, found Fichte to be "a superior thinker to Schleiermacher, but the latter to be much richer in spirit," to the extent that both Fichte's philosophy and personality repelled him whereas he was impressed by both in Schleiermacher (cf. *Fichte im Gespräch. Berichte der Zeitgenossen*, ed. E. Fuchs, vol. IV: 1806-1812, Stuttgart-Bad Cannstatt 1987, pp. 300f and 319).
2. So F. Schlegel expressed himself, when he introduced Schleiermacher to his brother August Wilhelm in his famous letter of November 28, 1797 (cf. *Friedrich Schlegels Briefe an seinem Bruder August Wilhelm*, ed. O. Walzel, Berlin 1890, pp. 321f). Schleiermacher, writing to his friend Brinkman, had defined Fichte (letter of Januar 4, 1800) as "the greatest dialectician I know" (*Briefe* IV, 53); but he redefined his meaning few months later in a letter to Brinkmann when he wrote: "albeit the greatest speculative philosopher ... Fichte had never looked lovable" (p. 75).

had harmed you in Jacobi's opinion, who says that you 'fichtate' (*verfichtest*) unnecessarily."[3]

Even among his contemporaries Schlegel was not the only one to speak of a supposed 'Fichtism,' which could be traced in Schleiermacher's *Speeches On Religion*. In his timely review of that work, F.N. Schwarz, the pedagogue and theologian from Heidelberg, observed that some people saw it as "a mixture of Fichtism and Schellingism."[4] He probably was alluding to the judgment in Jean Paul's *Clavis Fichtiana*, in which Schleiermacher's *Reden* were seen as a phenomenon (*Folgerscheinung*) of the pernicious Fichtian idealism, that is, of that "universal flood which makes everything waver."[5]

Schleiermacher replied to Brinkman, with veiled irony, that the accusation of Fichtism was not the worst misfortune that could befall him.[6] However, the meeting between Schleiermacher and Fichte, hoped for by Schlegel, was destined to fail. Schleiermacher wrote the following to Brinkman on 4 January 1800 after meeting Fichte in Berlin:

> er hat mich nicht sehr afficirt. Philosophie und Leben sind bei ihm – wie er es auch als Theorie aufstellt – ganz getrennt, seine natürliche Denkart hat nichts Außerordentliches, und so fehlt ihm, so lange er sich auf dem gemeinen Standpunct befindet, alles was ihn für mich zu einem interessanten Gegenstand machen könnte. Ehe er kam, hatte ich die Idee, über seine Philosophie mit ihm zu reden, und ihm meine Meinung zu eröffnen, daß er mir mit seiner Art, den gemeinen Standpunkt vom philosophischen zu sondern, nicht recht zu gehen scheine. Diese Segel habe ich aber bald eingezogen; da ich seh' wie eingefleischt er in der natürlichen Denkart ist, und da ich innerhalb seiner Philosophie nichts an derselben auszusezen habe, das Bewundern aber für mich kein Gegenstand des Gesprächs ist, und es außerhalb derselben keine andern als die ganz gewönlichen Berührungspunkte gab, so sind wir einander nicht sehr nahe gekommen. Lehrreich ist er nicht; denn detaillirte Kenntnisse scheint er in andern Wissenschaften nicht zu haben (auch in der Philosophie nicht einmal, insofern es Kenntnisse darin giebt), sondern nur

---

3. Cf. the unpublished letter by Brinkman (July 14, 1800), which is quoted by G. Meckenstock in his introduction to *Schriften aus der Berliner Zeit 1796-1799*, KGA I/2, Berlin-New York 1984, p. LXVI.

4. Schwarz's review is summarized in the KGA I/2, p. LXXI.

5. Cf. Jean Paul, *Sämtliche Werke*, ed. E. Berend, Weimar 1933 (repr. Köln 1979), I/9, pp. 476f.

6. *Briefe* IV, pp. 74f.

> allgemeine Uebersichten, wie unser einer sie auch hat. Das ist übrigens sehr schade, weil er eine ganz herrliche Gabe hat, sich klar zu machen, und der größte Dialektiker ist den ich kenne. So sind mir auch eben keine originelle Ansichten und Combinationen vorgekommen, wie er denn überhaupt an Wiz und Fantasie Mangel leidet. Ueberdies habe ich ihm zulezt abgemerkt, daß er ein beinahe passionierter Freimaurer, und früher schon bin ich gewahr worden, daß er nothdürftig Eitelkeit besizt, und gar gern Parteien macht, unterstüzt und regiert, – und was solche Wahrnehmungen auf mich für einen Eindruck machen können, weißt Du ohngefähr[7].

The portrait can not be more eloquent. It is not necessary to analyze it in detail; it is sufficient to complete it with Schleiermacher's assessment of Fichte written in December of 1803 from Stolpe, where he was working on his *Grundlinien*, a book that critiqued Fichte:

> Wer nun aber die Philosophie und das Leben so strenge trennt, wie Fichte thut, was kann an dem Grosses sein? Ein grosser einseitiger Virtuose, aber wenig Mensch. Freilich ist Schelling eine ungleich reichere Natur; aber ich fürchte doch fast daß er Fichte's ähnlicher ist als man denkt. Mir ist es nemlich immer verdächtig, wenn jemand von einem einzelnen Punkt aus auf sein System gekommen ist. So Fichte offenbar nur aus dialektischem Bedürfniß um ein Wissen zu Stande zu bringen, daher er nun auch nichts hat als Wissen um nichts als das Wissen; seitdem ich dies recht inne ward, wußte ich, wie es mit ihm stand[8].

According to his own statements, therefore, Schleiermacher himself renounced the opportunity to have a dialogue, a confrontation with Fichte. On examination, his own reviews of the *Bestimmung des Menschen*[9] and the *Grundzüge des gegenwärtigen Zeitalters*[10] basically do no more than confirm the opinions of the above statements, which essentially can be summarized in

---

7. Ibid., p. 53.
8. Ibid., pp. 94f.
9. This review was published in *Athenaeum* III.2 (1800), pp. 281ff (now in KGA I/3, pp. 235-248). For an account of the reception by contemporaries of this review see the documents gathered by Meckenstock in his introduction to KGA I/3, pp. LXXIXff.
10. Cf. *Briefe* IV, pp. 624-646 (the review appeared the first time in the *Jenaische Litteraturzeitung* 1807, n. 18-20). The review of Fichte's *System der Sittenlehre*, published in the *Oberdeutsche allgemeine Litteraturzeitung* of Januar 1799, was attributed by M. Zahn to Schleiermacher (cf. Fichte, *Das System der Sittenlehre nach den Prinzipien der Wissenschaftslehre*, ed. M. Zahn, Hamburg 1969, 2d ed., pp. 363-395). The editor of the KGA believes this attribution to be highly improbable (see KGA I/2, p. XVIII).

two points: (1) Fichte's philosophy theorizes a resolute separation between philosophy and life, and (2) in the last analysis, belying its own ethical idealism, it immerses itself in the common or "natural mode of thought." In fact, in the review of the *Bestimmung*, Schleiermacher observed how, in order to identify and define man's mission in life, Fichte had started from the common, dogmatic-mechanistic view, with its aporetical issue, and from there passed to an idealistic vision of *Wissen*, according to which the world is the product of our Self, and finally sought a deeper basis in that faith which listens to the voice of consciousness. But what is the purpose, Schleiermacher asked himself, of such a long circuitous route? Does one not necessarily arrive at idealism from moralism? Instead, according to Schleiermacher, Fichte allows the naturalistic-realistic, or dogmatic, vision to exist alongside the ethical vision; in fact, according to Fichte, in ordinary life, in performing real acts, one should be able to forget that, strictly speaking, the sensible world is posited by the Self itself. Hence Schleiermacher's question: what is the purpose of philosophizing, what is the purpose of concluding that the world is derived from man's reason and freedom, if this point of view does not take effect just where it is most needed, where in general it acquires value? Through this criticism, he demonstrates that he has realized that Fichte's philosophy is based on a kind of apagogical reasoning which allowed him to construct, to deduce, the whole system of experience.[11] Conversely for Schleiermacher the blunt negation of the "common criterion" of the naturalistic vision of the world is "the true Order of the Golden Fleece of moral nobility": the moral man "moves freely about his own axis."[12] His duty and his being are one single thing. It is meaningless for someone who believes in man's freedom and autonomy to question himself on his intended purpose. In fact, since every existence is only by virtue of reason, man's purpose corresponds to his being, to his nature, or, in other words, to the concept of the supreme good.[13]

It is in light of these statements and reviews by Schleiermacher that the most recent *Schleiermacher-Forschung* has come to the following conclusion: "Unlike the other persons of the Romantic circle – F. Schlegel, Novalis or

---

11. On the apagogical necessity of Fichte's second principle ("there is no I without not-I") see M. Gueroult, *L'évolution et la structure de la Doctrine de la science chez Fichte*, Paris 1930, I, p. 65.

12. Cf. R. Haym, *La scuola romantica. Contributo alla storia dello spirito tedesco*, Milano-Napoli 1965, pp. 580f.

13. KGA I/3, 240f. Cf. also *Grundlinien einer Kritik der bisherigen Sittenlehre* (1803), where Schleiermacher confronted Fichte's ethics. Cf. C. CESA, "Schleiermacher critico dell'etica di Kant e di Fichte. Spunti dalle 'Grundlinien,'" in *Archivio di filosofia*, 1984, pp. 19-34.

Schelling – no trace of any *Fichteerlebnis* can be found in Schleiermacher."[14] A similar conclusion had been anticipated by Dilthey, who said: "Some scholars have attempted to derive the particular character of Schleiermacher's vision of the world (at the time of the *Speeches* and the *Soliloquies*) from Fichte himself – that is, the position of the individual in the cosmic totality, and the meaning and the nature of religious intuition, accompanied by feeling. . . . But this is only possible through a misunderstanding either of Fichte or of Schleiermacher."[15]

The historiographic critics have observed that, since Schleiermacher withdrew from any real dialogue with Fichte, that scholars should not consider a debate between the philosopher of the *Wissenschaftslehre* and the theologian from Breslau. Faced, however, with such a conclusion, apparently supported by the arguments of scientific objectivity, any research that professes itself to be truly philosophical cannot but fail to ask itself the

---

14. This was asserted by E. Herms, *Herkunft, Entfaltung und erste Gestalt des Systems der Wissenschaften bei Schleiermacher*, Gütersloh 1974, p. 252.

15. W. Dilthey, *Leben Schleiermachers*, Göttingen 1970, I, pp. 361f. (The whole context in which this unfolded is discussed by Dilthey on pp. 353-370). E. Hirsch maintains the opposite point of view (cf. *Geschichte der neuern evangelischen Theologie*, Gütersloh 1975, IV, pp. 490-582); his opinion is evaluated in detail by F. Hertel, *Das theologische Denken Schleiermachers*, Zürich 1965, pp. 183-198. Also of interest on the relationship between Schleiermacher and Fichte are: B. Pansch, "Fichtes 'Bestimmung des Menschen' und Schleiermachers 'Monologen'," *Beilage zum Programm des Realprogymnasiums zu Buxtehude*, Buxtehude 1885; E. Fuchs, *Vom Werden dreier Denker: Was wollten Fichte, Schelling, Schleiermacher in der ersten Periode ihrer Entwickelung?*, Tübingen 1904; Köppel, "Schleiermacher und Fichte," *Reichsbote*, Berlin 1908, n. 35; W. Schmidt, "Fichtes Einfluß auf die Frühromantik," *Euphorion* 20 (1913), pp. 435-458, 647-681; 21 (1914), pp. 251-270; L. Viëtor, *Schleiermachers Auffassung von Freundschaft, Liebe und Ehe in der Auseinandersetzung mit Kant und Fichte, eine Untersuchung zur Ethik Schleiermachers*, Tübingen 1910; J.M. Vogel, *Die Pädagogik Fichtes in ihrem Verhältnis zu derjenigen Schleiermachers dargestellt und kritisch gewürdigt*, Bern-Leipzig 1910. Unfortunately, as can easily be ascertained, these consist of publications prior to the first World War, none of which is even remotely comparable to the study Hermann Süskind devoted to Schelling's influence on the formation of Schleiermacher's thought (*Der Einfluß Schellings auf die Entwicklung von Schleiermachers System*, Tübingen 1909). While there seems in recent years to be greater awareness of the importance of this theme, there is still no apposite analytical monograph on Fichte and Schleiermacher. Mention should be made of the relevant articles by W.-D. Marsch, "Fichte, Schleiermacher und Hegel Antworten auf die Frage nach Gott," in ID., *Philosophie im Schatten Gottes*, Gütersloh 1973, pp. 7-38; V. Weymann, *Glaube als Lebensvollzug und der Lebensbezug des Denkens. Eine Untersuchung zur Glaubenslehre F. Schleiermachers*, Göttingen 1977, pp. 47ff, 172ff, 207ff; E. Herms, *op. cit.*, pp. 252ff; J. Schurr, Fichtes "Die Bestimmung des Menschen" und Schleiermachers "Monologen": Dokumente eines Umbruchs?," *Vierteljahrsschrift f. wiss. Pädagogik*, 55 (1979), pp. 317-328; S. Sorrentino, *Ermeneutica e filosofia trascendentale. La filosofia di Schleiermacher come progetto di comprensione dell'altro*, Bologna 1986, pp. 234-248; and Günter Meckenstock's contribution at the Salerno meeting, published here under the title: "Schleiermachers Auseinandersetzung mit Fichte," pp. 27-44.

question: what does setting up a confrontation between two thinkers or looking for a parallelism between two philosophies really mean? Can such a task truly be accomplished merely with the micrographs of a philology capable only of accumulating documents? Can the letter of such documents really communicate to us the authentically dialogical word that would, and should, be spoken through the meeting of two worlds of thought? Is it certain that the real comparison between two thinkers should be based on their explicit, actually spoken, words? Might not a comparison be drawn on what they intended to communicate through those words, and what largely remains the unsaid, that which twentieth-century hermeneutical reflection holds up for our attention? Basically, is it not true that, in a confrontation between two philosophers, rather than the conceptual formulas, it is a matter of the *Sache*, of the actual *res* of their thought? And let it not be said that in wanting to put the *res* of the thought into the foreground one ends up by making any attempt at comparison meaningless, since that *res* cannot but be identical, always the same. In fact, the identity of thought and its *Sache* is not guaranteed by the inert equality of the *Gleiche* but rather by the vitality of the *Selber*, the identity of which, far from being disintegrated by its infinite partial manifestations and perspectives, is their justification and the guarantee of meaning. And just as it is that identity, whether assumed or searched for, that moves the dialogue between mortals, which constitutes the authentic substance of human history, so it is that identity and its reason which should guide that research that aims to set up a confrontation or to evoke a possible dialogue between two thinkers. In order to be worthy of its name and of the *Sache* which, in moving it, constitutes it in its truest essence, that research cannot but be expert with the ultimate reasons of the *Weltgeschichte*. In order to accomplish its task it must call upon those powers of *poiesis*, which alone can qualify a historiography as authentically philosophical. By this we mean that, in setting up a confrontation, it must *cogitate*, *symballein*, discuss, *er-örtern*, and speak from a place that it can call its own more as the outcome of its own *Sache* rather than as a right acquired through conquest or through a mere historical-geographical accident.

Now, what is the *Sache* that dominates Fichte's and Schleiermacher's thought? What is the *Ort* from which thought speaks in the very act of inviting us there with an appeal which is the only thing which deserves to reside in the domain of thought: *de re tua agitur*? One would evidently have misunderstood the question were one to answer: the substance of Fichte's and Schleiermacher's thought resides, respectively, in the *Wissenschaftslehre* and in the *Dialektik* – treatises which, as is known, were written to designate the more or less exclusive specificity of their ways of philosophizing. The doctrine of science and dialectics, even though they may have become the objects of reflection, are not the authentic *Sache* of thought, but are rather its way, its method, even though the way and the method that are under consideration here are so much a part of the *Sache* that they might be called the site of its truth and its self-revelation. The authentic or supreme *Sache* of the doctrine of science is formed by *Wissen*, the sense and truth gathered therein, as far as it is the ground and justification *(logos* and *soteriology)* of man's ethical existence.[16] In the same way the *Gesprächsführung*, in which according to Schleiermacher the *Dialektik* becomes authentic and is realized, is dominated, as if by a soterial *telos*, by the *logos* in which, purifying and discriminating themselves, the words are collected which, in time, attempt to express the meaning of existence, of man, and of the cosmos.[17] The profound purport of the thought of one and of the other is fixed, therefore, by a word which, in the case of Schleiermacher, would seem to contrast with the concept of freedom as intended in his criticism of Fichte's *Bestimmung des Menschen*, but which, in the last analysis, is the most suitable to express the *telos* of his own thought. The allusion is to the word *Bestimmung*, in the multivocality of its accepted meanings, which in the *Goethezeit* evoked a fullness that perhaps has never been regained in any other age of thought.[18]

---

16. Fichte's philosophy is dominated, like few others are, by the relationship between nature and supernature, between freedom and grace. It is not accidental that in it he talks about the *Wunder*, the miracle, and even the *Uroffenbarung*, that original revelation that initiates the ethical movement of human freedom. When we look more closely we see that the whole ethical life is increasingly conceived by Fichte to be the unfolding of the intimate life of the idea (as *Bild* of the divine essence), which does not limit itself to giving rise to the movement of spiritual existence but also rules over its development and its full accomplishment. It is not man who owns and uses the idea, but the idea which makes use of man in order to assert its soterial project in the world. I have drawn attention to these aspects of Fichte's philosophy in my introduction to the Italian translation of J.G. Fichte, *La dottrina della religione*, Napoli 1989.

17. It should not be forgotten that the supreme task that Schleiermacher's dialectics poses is the "dissolution of chaos" [*die Auflösung des Chaotischen*]. The dissolution of this original chaos, which bears mythological likenesses to the pagan and Judaeo-Christian cosmogonies, was understood by Schleiermacher to be the *Grenze* of the thought. On this topic see, above all, the chapter "Chaos und Sein" by the editor of Schleiermacher's *Dialektik* (ed. R. Odebrecht), Leipzig 1942, pp. 144ff. However a *desideratum* of *Schleiermacher-Forschung* remains that of a specific monograph-length treatment of Schleiermacher's soteriology, which does not allow itself to be intimidated by the presumed, more or less anthropocentric optimism of the world-view of the philosopher from Breslau and which, above all, can move around in the history of ideas without confusing word with concept, i.e., which knows how to find the *res* under consideration here even when it is not formulated with the specific word (e.g., grace, salvation, redemption, guilt, sin, radical evil).

18. As is well known, the expression "Bestimmung des Menschen" was put into circulation in the German academic world chiefly by J.J. Spalding's ominous book *Die Bestimmung des Menschen* (1748); from there it was taken up, above all, by Kant and Fichte.

True, in his review of that work, Schleiermacher juxtaposed it to the more classical expression 'Summum Bonum.'[19] But how far can we accept the reasons for such a contraposition? Can the confrontation that we wish to set up between two thinkers allow itself to be guided by the self-interpretation or the criticism that one or both of them express about themselves or the other? Basically, does not Schleiermacher's 'Summum Bonum' allude to the same *telos* of thought that is gathered in the expression 'man's goal' in Fichte? And is not the main definition accepted for both expressions (with which other classical expressions such as 'Kingdom of Heaven,' 'God's Kingdom,' 'Everlasting Peace'[20] are synonymous): the 'Mystical Body,' such that the goal of man's life on the face of the earth is intended as a final unity, capable of simultaneously preserving both the infinite multiplicity and the identity of individuals?[21]

If these are the questions that should stimulate that research attempting to contrast and compare Schleiermacher's and Fichte's thought, then one can assert with certainty that the *Sache* of both is ethical-religious in nature. Moreover, a similar conclusion is suggested by the fact that Schleiermacher's philosophical meditation, beyond his encyclopaedic ambitions, expressed its central nucleus in the *Speeches on Religion*, while Fichte's, albeit tirelessly straining to give ever new formulation to the *Doctrine of Science*, was aware that its "fulfilment" could be found only in the "supreme synthesis," in the "synthesis of the world of spirits," that is in the "Doctrine of Religion," as intended in the subtitle of the *Anweisung zum seligen Leben*, that work which,

---

Cf. H.M. Wolff, *Die Weltanschauung der deutschen Aufklärung in geschichtlicher Entwicklung*, Bern-München 1963, 2d ed., pp. 13-24, and my introduction to F. Schleiermacher, *Etica ed ermeneutica*, Napoli 1985, pp. 64f (note).

19. Cf. KGA I/3, p. 243.

20. Schleiermacher acknowledged that all of these expressions reciprocally included one another. Cf. the first "Akademieabhandlung" *Über das höchste Gut* (*Werke*, ed. O. Braun – J. Bauer, repr. Aalen 1967, vol. I, p. 465). Concerning this theme cf. P.H. Jørgensen, *Die Ethik Schleiermachers*, München 1959, pp. 75ff; M.E. Miller, *Der Übergang. Schleiermachers Theologie des Reiches Gottes im Zusammenhang seines Gesamtdenkens*, Gütersloh 1970, pp. 54-90. Basically, it is on account of the centrality that the concept of 'Summum Bonum' has acquired in his ethics that Schleiermacher, as Ernst Troeltsch has stated, can take his place, in Augustine's footsteps, next to the few "moralists based on principles" produced by Christianity in its millennial history (St. Thomas, Luther-Calvin, Kant, and Kierkegaard, "at the most even Meister Eckhart"). In this way,Troeltsch implicitly is inviting a re-reading of Schleiermacher's ethical project in the light of the perennial Augustinianism (cf. E. Troeltsch, *S. Agostino, il cristianesimo antico e il medioevo*, ed. F. Tessitore, Napoli 1970, pp. 244f). On Schleiermacher's Augustinianism see my essay on "Schleiermacher as Interpreter of Augustin" in *Ispirazione e libertà. Saggi su Schleiermacher*, Napoli 1986, pp. 277-302.

21. Concerning this complex of problems see my essay *L'ecclesiologia filosofica nell'età di Goethe*, in *Ispirazione e libertà*, pp. 147-180.

in Nikolai Hartmann's reasoned judgment "is certainly the most mature and most harmonious of the works published by Fichte himself."[22]

Both Schleiermacher and Fichte assert religion's position ever more distinctly at the centre of their thought (or "interest," to use a symptomatic expression of theirs[23], which suits itself like few others to indicate the interior dynamics of thought). It is a dimension of the human spirit that is so universal that it immediately distinguishes itself from its historical and sectarian configurations. And it is precisely on account of that act of distinction, in which the criticality of thought acquires an increasingly more rigorously historical and religious form, that Schleiermacher's and Fichte's thought accede to the ecumenical and liberal sense of religiousness. Whatever Schleiermacher's and Fichte's attitudes toward religion may have been, the fact remains that their intention, in so far as it was philosophical, was not intended to be qualified as apologetical,[24] i.e., for them it was not a matter of defending a determined religion or revelation but rather of shedding light on the structural, transcendental roots of the religious attitude of humanity, of each single person, understood, at this point, in one's ultimate essence as the privileged site of every possible revelation. In fact, for both of them philosophical thought, expert in transcendentalism and criticism, recognizes the religious deduction of the finite as its own ineluctable task, thereby confirming the classical nature of its aspiration to know God and the soul ("Nihilne plus? Nihil omnino": St. Augustine, *Soliloquia* I,2). Although for both the concept of individuality gets entangled in insidious aporias, oscillating continuously between the poles of rationalism and moralism,[25] the fact remains that for both the elected site of the ultimate ground of such a concept lies in the domain of the religious, the only difference being that, while in Schleiermacher the accent of that ground is placed on the *arké*, in Fichte it is placed rather on the *eschaton*. In fact, for

---

22. Cf. N. Hartmann, *La filosofia dell'idealismo tedesco*, Milano 1972, p. 107.

23. J. Habermas (see *Conoscenza e interesse*, ed. G.E. Rusconi, Bari 1973, p. 202ff) talked about the Fichtean concept of "interest." Since his early writings, Schleiermacher referred to the "Interesse des Herzens" and the "Interesse der Wahrheit" (cf. KGA I/1, pp. 203ff). For a general summary see the discussion of the word "Interesse" in *Historisches Wörterbuch der Philosophie* (ed. J. Ritter), Basel 1976, vol. IV, coll. 479-494 (by V. Gerhardt).

24. Concerning Fichte on this topic, see the introduction to Fichte's *Die Anweisung zum seligen Leben*, Hamburg 1983, pp. XIXf by H. Verweyen. On Schleiermacher see H.-J. Birkner's critical survey *Theologie und Philosophie. Einführung in Probleme der Schleiermacher-Interpretation*, München 1974, pp. 22ff.

25. Cf. E. Opocher, *G.A. Fichte e il problema dell'individualità*, Padova 1944. On Schleiermacher see F. Meinecke, *Contributo alla storia dell'origine dello storicismo e dell'idea di individualità in Schleiermacher*, in *Senso storico e significato della storia*, ed. F. Tessitore, Napoli 1980, pp. 105-124.

Schleiermacher authentic individuality is born that moment in which a determined consciousness of Transcendence begins and the finite is united with the Infinite,[26] whereas for Fichte it is destined to acquire its own unmistakeable features by virtue of the highly individualized tension towards the telos of the infinite moral perfecting that is supported by that *Glaube*, with which the *Bestimmung des Menschen*[27] closes. Immanuel Hermann Fichte correctly saw that this anticipates Schleiermacher's more mature reflections on the feeling of absolute dependence,[28] but which, at the same time, causes the Fichtean concept of freedom to lay aside the original activist significance, based on itself, in order to render it dialectical with the concept of being, of moral law, of the Divine, from which it borrows only its inherent ontological consistency.[29] And in Fichte's *Denkweg* this turning point, which marks the passage from the system of freedom to the system of the Absolute, occurred as a consequence of the *Atheismusstreit*, during the months when Schleiermacher's *Speeches on Religion* were published.[30]

What conclusions can be drawn from this coincidence in relation to the confrontation between Schleiermacher and Fichte? Can one state that the *Speeches on Religion* exercised a certain influence on the evolution of Fichte's thought? Or was there a Fichtean influence on the *Speeches on Religion*, even if in a less evident way than on the *Soliloquies*? We will not attempt to give an answer here to a question posed in such a manner, for we are convinced that by following such a path, which is concerned with ancestry and derivation, the argument is doomed to come aground in the inconclusion of unverifiable hypotheses. More convincing, instead, is the path that, once the identity of the *Sache* of our two authors has been ascertained, leads us to identify the *Ort* and the *Zeit* from which that thought speaks and from which it wishes to be intended in the novelty of its emphasis.

---

26. See *Reden*, (=KGA I/2) p. 221. Concerning the theme of the *Augenblick* as the generating moment of religious individuality see my *Etica e storia in Schleiermacher*, Napoli 1979, pp. 205ff.

27. Cf. J.G. Fichte, *Die Bestimmung des Menschen*, Werke, ed. I.H. Fichte, Berlin 1971, II, p. 255; cf. p. 258f.

28. Cf. I.H. Fichte, "J.G. Fichte und Schleiermacher: Eine vergleichende Skizze," in *Vermischte Schriften zur Philosophie, Theologie und Ethik*, Leipzig 1869, I, p. 354.

29. H. Verweyen (see his introduction to Fichte's *Anweisung* quoted, p. XXVf) rightly insisted on this point.

30. Concerning the *Atheismusstreit* cf. X. Leon, *Fichte et son temps*, Paris 1922, I, pp. 518-629. On the origins of Schleiermacher's *Reden* see the historical introduction to KGA I/2, pp. LIII-LXXVIII. Also V. Weymann, *op. cit.*, pp. 172f.

II.

The unfolding of both Schleiermacher's and Fichte's philosophical-religious thought can be analyzed against the background of the spiritual situation of their time. Both the *Speeches on Religion* and Fichte's contributions to the dispute on atheism as well as Schleiermacher's *Soliloquies* and Fichte's other works – from the *Bestimmung des Menschen* through the emblematic *Grundzüge des gegenwärtigen Zeitalters* to the *Anweisung zum seligen Leben* – qualify their thought by virtue of its indissoluble bond with the time, a bond that renders their thought a *weltgeschichtliches Denken*. This thought, expressed in these books, is far from resolving itself as the mere expression of the historical moment in which it unfolded, but it authenticates its own essence in the act of judging that from which and for which it originated – a contemporaneity in no wise chronological, but rather ideal, in which time and thought are bound together in reciprocal illumination and interaction.[31] In fact, Fichte's and Schleiermacher's thought takes on the burdens, needs, and questions of their time, which they then transfigure and universalize into the needs and questions of the human spirit in general, even if at certain moments it appears to imprudently graze over the accents and motivations of the most odious kind of Germanic nationalism. This is what happens both to Schleiermacher and to Fichte when they try to locate the course of their thought in the panorama of the European *Aufklärung*, discriminated by an assured historiographic intuition capable of distinguishing the particularity of Germanic free-thinking, watched over by the spirits of Luther, Leibniz, Lessing, and Kant, on the one hand, and that of the English and French Enlightenment, on the other. Well known in this regard is the passage in Fichte's *Speeches to the German Nation*, in which the matter of free thought is read, symptomatically, in the light of a precise hermeneutic religious criterion. Fichte reasons that in the neo-Latin countries, lacking "the piety and the deep feeling of the Germans"

> erhob das durch den erhaltenen glänzenden Triumph angefeuerte freie Denken sich leichter und höher, ohne die Fessel eines Glaubens an Uebersinnliches; aber es blieb in der sinnlichen Fessel des Glaubens an den natürlichen, ohne Bildung und Sitte aufgewachsenen Verstand; und weit entfernt, dass es in der Vernunft die Quelle auf sich selbst beruhender

---

31. Cf. C. Cesa, *Fichte e il primo idealismo*, Firenze 1975, pp. 3ff and my *Etica e storia in Schleiermacher*, p. 167ff underline the *fin de siécle* character of Fichte's early writings and Schleiermacher's *Reden*.

> Wahrheit entdeckt hätte, wurden für dasselbe die Aussprüche dieses rohen Verstandes dasjenige, was für die Scholastiker die Kirche, für die ersten protestantischen Theologen das Evangelium war; ob sie wahr seyen, darüber regte sich kein Zweifel, die Frage war bloss, wie sie diese Wahrheit gegen bestreitende Ansprüche behaupten könnten.[32]

Whereas in the Germanic countries the attempt by the Enlightenment to free itself from authority, which could be connected to the inspiration of the Lutheran *Reformation*, was destined to provoke

> zu neuer Anregung ... wo aber selbständiger deutscher Geist sich regte, da genügte das Sinnliche nicht, sondern es entstand die Aufabe, das, freilich nicht auf fremdes Ansehen zu glaubende, Uebersinnliche in der Vernunft selbst aufzusuchen, und so erst eigentliche Philosophie zu erschaffen, indem man, wie es seyn sollte, das freie Denken zur Quelle unabhängiger Wahrheit machte.[33]

In that way, through the employment of reason, the *Aufklärung* brought to a conclusion the movement initiated by Luther, which sought and found religion (and with it all wisdom) not in the externals of the cultic forms but in the intimacy of human consciousness. Even if one only superficially understands Fichte's thought in the unity of its inspiration and in the richness of its developments, one cannot fail but to grasp it in outline in this historiographic reconstruction of the *Aufklärung*.

Schleiermacher's case is no different. Schleiermacher, in search of the audience for his speeches on religion, could not address himself to the "proud islanders" (the English), whose "wisdom was all turned towards a miserable empriricism," while "religion for them cannot be anything other than a dead letter, an intangible article of their political constitution, with nothing in it which is truly felt."[34] As Schleiermacher wrote, in fact they "do not take seriously anything which goes beyond the sensible and the immediately profitable."[35] Nor could Schleiermacher address himself to the French, whose "frivolous indifference" and "witty lightness" rendered them incapable of a genuine religious attitude.[36] His audience was, and could only be, the *Aufgeklärten*, the German *Gebildeten*:

> Es ist nicht blind Vorliebe für den väterlichen Boden oder für die Mitgenoßen der Verfaßung und der Sprache, was mich so

---

32. *Reden an die deutsche Nation*, in *Werke*, VII, pp. 352.
33. Ibid., p. 353
34. *Reden*, p. 196.
35. Ibid.
36. Ibid.

reden macht, sondern die innige Überzeugung, daß Ihr die einzigen seid, welche fähig und also auch würdig sind, daß der Sinn ihnen aufgeregt werde für heilige und göttliche Dinge.[37]

And further on he abandons all caution in his reasoning:

Hier im väterlichen Lande ist das beglückte Klima was keine Frucht gänzlich versagt, hier findet Ihr alles zerstreut was die Menschheit ziert, und alles was gedeiht bildet sich irgendwo, im Einzelnen wenigstens, zu seiner schönsten Gestalt; hier fehlt es weder an weiser Mäßigung noch an stiller Betrachtung. Hier also muß sie eine Freistadt finden vor der plumpen Barberei und dem kalten irdischen Sinne des Zeitalters.[38]

Certainly it is not easy to remove the odious accent of *Germanentum* from these pages. Nor is it difficult to grasp its profound intentionality, which makes its way in the incandescent magma of a tormented age, already on the decline: Fichte and Schleiermacher, amidst the luminaries who by now were steaming under the mantle of terror and the nihilistic issues towards which free-thinking seemed to be heading, proclaimed their loyalty to the authentic spirit of the *Aufklärung* which, as their mutual teachers, Leibniz, Lessing, and Kant, had taught, is a religious spirit, capable of leavening and illuminating the natural and earthly condition of the single individual and the whole of humanity.

The loyalty of Schleiermacher and Fichte to the religious ideality of the *Aufklärung*, just because of the particular nature of their thought, takes shape not so much as loyalty to a determined historical tradition but more as the obedience of thought to its own most intimate *Sache* and its most qualifying rhythms. Actually, in their mind the *Aufklärung* was authenticated in the ethical-religious sense and thus intuited in the radicalness of its positive, soterial proposal (insofar it was understood more from a methodological necessity than from the historical outcome of the immoral actions mankind is capable of). This is why it refers one to the experience of nihilism, i.e., to the possibility that not only do the values of a determined cultural universe and of a determined historical era fail and undergo a radical transvaluation but the very idea of value, too, proves itself to be devoid of meaning and absurd. It is precisely with the bipolarity of *Aufklärung* and *Nihilismus*,[39] that the thought and the ethical-religious experience both of Fichte and Schleiermacher, moving between history and thought, ultimately are concerned.

---

37. Ibid., p. 195
38. Ibid., p. 196.
39. On the relationship *Aufklärung-Nihilismus* see my essay "La religione dell'illuminismo," in *Rosmini e l'illuminismo*, Stresa 1988, pp. 37ff.

It is in the third of his *Speeches on Religion*, symptomatically dedicated to one of the most qualifying themes of the *Aufklärung* (religious education), that Schleiermacher lays bare the logic that welds together the relationship between *Aufklärung* and *Nihilismus*, both on the historical and the conceptual planes:

> Besonders ist es der Natur der Dinge gemäß, daß in diesen Zeiten algemeiner Verwirrung und Umwälzung ihr schlummernder Funke in vielen nicht aufglüht ... doch nicht zum Leben gebracht wird ... Wo nichts unter allen menschlichen Dingen unerschüttert bleibt; wo jeder grade das, was seinen Platz in der Welt bestimmt, und ihn an die irdische Ordnung der Dinge feßelt, in jedem Augenblik im Begriff sieht, nicht nur ihm zu entfliehen und sich von einem Andern ergreifen zu lassen, sondern unterzugehen im allgemeinen Strudel; wo die Einen keine Anstrengung ihrer Kräfte schonen, und noch nach allen Seiten um Hilfe rufen um dasjenige festzuhalten was sie für die Angeln der Welt und der Gesellschaft der Kunst und der Wißenschaft halten die sich nun durch ein unbegreifliches Schiksal wie von selbst aus ihren innersten Gründen emporheben, und fallen laßen was sich so lange um sie bewegt hatte, und wo die Andern mit eben dem rastlosen Eifer geschäftigt sind die Trümmern eingestürzter Jahrhunderte aus dem Wege zu räumen, um unter den Ersten zu sein, die sich ansiedeln auf dem fruchtbaren Boden der sich unter ihnen bildet aus der schnell erkaltenden Lava des schreklichen Vulkans; wo Jeder, auch ohne seine Stelle zu verlaßen von den heftigen Erschütterungen des Ganzen so gewaltig bewegt wird, daß er in dem algemeinen Schwindel froh sein muß, irgend einen einzelnen Gegenstand fest genug ins Auge zu faßen, um sich an ihn halten und sich almählig überzeugen zu können, daß doch etwas noch stehe; in einem solchen Zustande wäre es thöricht zu erwarten, daß viele geschikt sein könnten das Unendliche wahrzunehmen[40].

The time, on whose horizon Schleiermacher wants the authentic image of religion to reappear, is thus a time of *allgemeine Verwirrung und Umwälzung*, of *allgemeiner Strudel* and *allgemeiner Schwindel* in which, as it is significantly stated, for man there are no more polar stars or firm values: everything wavers and "descends irresistibly into the terrible night of

---

40. *Reden*, p. 249.

nothingness (*in die furchtbare Nacht der Vernichtung*)."[41] It is a time in which one is assailed by disgust with one's futile search for new perceptions and new enjoyments, for that eternal return of the same which can only provide one with "sterile suffering and a feeling of annihilation."[42] But we cannot fail to be surprised that this is also the time in which the Fichtean man must realize his own *Bestimmung*. There is nothing stable for him either:

> Es giebt überall kein Dauerndes, weder ausser mir, noch in mir, sondern nur einen unaufhörlichen Wechsel. Ich weiss überall von keinem Seyn, und auch nicht von meinem eigenen. Es ist kein Seyn. – *Ich selbst* weiss überhaupt nicht, und bin nicht.[43]

How did it come about that the Fichtean I, already the holder of divine attributes, was assailed by the icy blast of nothingness? How is it that the spirit that guided the first *Wissenschaftslehre* was thus unmasked as a "deceiving" spirit, which promises freedom and declares "release from all dependence" but only "because I change myself into nothingness, and likewise change into nothingness all that around me on which I could depend; remove necessity in removing and extirpating completely every being"[44]? As we know, it was Jacobi, the philosopher of "faith" beloved by Fichte as well as by Schleiermacher, who recognized that nihilism and chimerism were the eventual outcome of Fichtean philosophy, which was conceived as "a chemical process, with which one annihilates everything which lies outside the bound of reason."[45] It was for this reason that Jacobi could exclaim: "For me this world of phenomena becomes a disgusting spectre, if it contains all of its truth within these phenomena, and neither has a more profound significance, nor reveals anything beyond itself; a disgusting spectre, before which I curse my consciousness in which this disgust arises, and, like a divinity, I invoke that I be annihilated."[46] And Jacobi's criticism immediately found an echo in Schleiermacher's *Speeches on Religion* which,

---

41. *Monologen*, KGA I/3, p. 6.
42. Ibid., p. 8.
43. *Bestimmung des Menschen*, p. 245.
44. Ibid., p. 240. The "betrayal spirit," the "wicked spirit" of the *Bestimmung des Menschen* (cf. pp. 240 and 245), to which the inspiration of *Wissenschaftslehre* 1794 (founded on the self-establishment by the I) is attributed in the last analysis, bears in itself the qualities of the "evil genius" according to Descartes' hypothesis. It is then symptomatic that the *Wissenschaftslehre*, which has triumphally started in the name of Descartes' *Cogito* (cf. *Werke* I, pp. 99f and R. Lauth, *La filosofia trascendentale di J.G. Fichte*, ed. C. Cesa, Napoli 1986, pp. 69ff), concludes its itinerary by evoking the troublesome shadow of the powerful figure whom Descartes conceived for evil and error.
45. F.H. Jacobi, *Werke*, Leipzig 1912, III, p.36.
46. Ibid.

rather than concerning themselves with the accusation of atheism levelled against Fichte and of which Schleiermacher himself feared that the final part of his second *Rede* would be accused, address themselves precisely to the nihilistic outcome of Fichte's thought:

> Und wie wird es dem Triumph der Spekulation ergehen, dem vollendeten und gerundeten Idealismus, wenn Religion ihm nicht das Gegegewicht hält, und ihn einen höhern Realismus ahnden läßt als den, welchen er so kühn und mit so vollem Recht sich unterordnet? Er wird das Universum vernichten, indem er es zu bilden scheint, er wird es herabwürdigen zu einer bloßen Allegorie, zu einem nichtigen Schattenbilde unserer eignen Beschränktheit[47].

With the expression, *"perfect and rounded idealism"* [*dem vollendeten und gerundeten Idealismus*], Schleiermacher undoubtedly is alluding to Fichte's philosophy, which in some way is elevated to expressing the thought of the *Gebildeten*. It is criticized for its *Systemsucht*, for its obsession with system-building, which drives it "to classify the universe and to distinguish it into such and such other essences, which searches for the reasons for what exists and deduces the necesssity of the real, and which unravels from itself the reality of the world and of its laws;"[48] it has nihilism as its inevitable outcome. Now, it is symptomatic that to avoid, or better yet, to face the nihilistic outcome of transcendental philosophy radically and methodically, he concentrates on the meditation on the religious, a meditation provoked precisely by the question: "without religion how can speculation become anything better than a rigid lean skeleton?"[49] As is well understood, it is in the light of this question that Schleiermacher's recurrent criticism of Fichte's philosophy, namely that it separates philosophy from life,[50] acquires its ultimate meaning:

> Spekulation und Praxis haben zu wollen ohne Religion, ist verwegener Übermuth, es ist freche Feindschaft gegen die Götter, es ist der unheilige Sinn des Prometheus . . . Geraubt nur hat der Mensch [Fichtean!] das Gefühl seiner Unendlichkeit und Gottähnlichkeit.[51]

Whether it was inspired by Jacobi or by Schleiermacher, or whether it was intrinsic to the movement of his reflection, it is certain that this question (how can speculation, without religion, produce anything more than a lean,

---

47. *Reden*, p. 213.
48. Ibid., p. 208. Cf. also pp. 193, 215, 199f.
49. Ibid., p. 212.
50. Cf. V. Weymann, *op. cit.*, pp. 208ff.
51. *Reden*, p. 212. Cf. also *Etica e storia in Schleiermacher*, pp. 175ff.

skeletal system?), once asked, was methodically the most suitable to prompt Fichte's thought toward a radical *Kehre*, which could not but be "religious." In fact, the faith that Fichte's *Wissen* will attain in its search for a stable ground (a superior realism, to use Schleiermacher's expression) for man's moral behavior is disclosed and launches its own movement driven by the urgency of the typical questioning of thought when assailed by the shadow of nothingness:

> Ich ässe nur und tränke, damit ich wiederum hungern und dürsten, und essen und trinken könnte, so lange, bis das unter meinen Füssen eröffnete Grab mich verschlänge, und ich selbst als Speise dem Boden entkeimte? Ich zeugte Wesen meines Gleichen, damit auch sie essen und trinken, und sterben, und Wesen ihres Gleichen hinterlassen könnten, die dasselbe thun werden, was ich schon that? Wozu dieser unablässig in sich selbst zurückkehrende Cirkel, dieses immer von neuem auf dieselbe Weise wieder angehende Spiel, in welchem alles wird, um zu vergehen, und vergeht, um nur wieder werden zu können, wie es schon war; dieses Ungeheuer, unaufhörlich sich selbst verschlingend, damit es sich wiederum gebären könne, sich gebärend, damit es sich wiederum verschlingen könne?"[52]

Who could ever have suspected the existence of such an anguished formulation of the eternal return of the identical, in one of the most teleologically optimistic philosophies known to history? But even more surprising is the fact that Fichte's question is comprehended in the query which, with Leibniz, Schelling, Jaspers, and Heidegger, has become the classical formulation of nihilism: What is the reason for the being of what is, rather than nothingness? – a question that Fichte poses in his own unmistakable way: "Why in general should this human race exist, and why did it not remain in the womb of nothingness instead?"[53]

Now, it is precisely by virtue of this question that Fichte's thought approaches Schleiermacher's, finding its ground in its own primary ethical intentionality (the never disavowed primacy of practice) in the religious dimension of the *Glaube*. After all, we find resounding Schleiermacher's own question in it: "How can speculation, without religion, become anything better than a rigid, lean skeleton?" But above all, how can man's activities have any significance without it? For is it not there, in religion, considered in its transcendental constitution, that the reason for man's activities and life is contained? Fichte answers these questions with an affirmation that seems to

---

52. *Die Bestimmung des Menschen*, p. 266.
53. Ibid., p. 279.

anticipate the most profound thought of the twentieth-century philosophy of existence based upon the relation of *Existenz* and *Transzendenz*: "It is not reason which exists for existence, but existence which exists for reason. It is impossible that an existence, which in itself does not satisfy reason and does not resolve all its questions, is real being."[54] However it is symptomatic, for the entire future structure of Fichte's thought, that he should have arrived at the affirmation of the religious dimension by passing through the darkness of nothingness. Indeed, it is characteristic of Fichte's thought after his *Kehre* (the, very incorrectly, so-called "second" Fichte) that nothingness does not emerge as a negative moment to be overcome but rather remains constantly present as a dialectical moment, like a horizon on which alone the authentic reasons for existence can be established. Characteristic of such a "methodical" interpretation of nihilism[55] by Fichte is the fact that from then on all of his various editions of the *Wissenschaftslehre* attain their fundamental principle (whether it be called *Wissen, Wahrheit, Licht, Leben, Existenz*) by passing through the dark night of denial, through the typical process of negative theology, which is expert in radical negations but is also a silent witness to the reciprocal conversion of nothingness into being and being into nothingness.[56] It is in this way, following this route, that in the *Wissenschaftslehre* of 1801/02 the finite Fichtean individual, who does not want to let himself be submerged by the waves of nothingness, finds his salvation by accepting the teaching of Schleiermacher's *Speeches on Religion*, which invites him, in addition to confirming his I in the "immediate feeling"

---

54. Ibid.
55. Cf. A. Caracciolo, *Pensiero contemporaneo e nichilismo*, Napoli 1976, p. 10.
56. In the *Wissenschaftslehre* 1801/02, for example, *Wissen* (which replaces the "I" as *Anfangsgrund*), deepening its knowledge of itself and grasping itself in its own originality, meets being, not ideal but truly actual, albeit not objectifiable, being. Indeed, we must talk of that *Wissen* dialectically, as not-knowing, that is insofar as it is not-knowing, the not-being of knowing. In this way knowing is founded on a not-knowing, i.e., on being, which therefore founds only inasmuch as it negates. In the *Wissenschaftslehre* 1804 then the absoluteness of the founding principle (the "inconceivable," the "incomprehensible") is grasped only through the nullification of thought, inasmuch as it is illuminating light. In fact, knowing is illuminating in relation to its content, not in relation to itself or its origin: the vision of the light is not illuminating, rather, it is blinding. Thus the absolute falls into the light of knowing only as the negation of knowing itself. The concept of truth receives here an analogous treatment: it predominates together with the concept of light. In fact, truth is that which can never be reduced to consciousness, yet without which consciousness would not be (cf. L. Pareyson, *G.A. Fichte*, in *Grande antologia filosofica*, Milano 1971, XVII, pp. 879ff). In the *Wissenschaftslehre* 1805, there is a particular presence of the *Nichts*, intertwined with the concept of *Existenz* (cf. the ed. by H. Gliwitzky, Hamburg 1984). On this edition see J. Widmann, *Existenz zwischen Sein und Nichts. Fichtes Daseins-Analyse von 1805*, in L'héritage de Kant, Paris 1982, pp. 137ff. Cf. also G. Gusdorf, *Du néant à Dieu dans le savoir romantique*, Paris 1983.

of the self, to disclose himself to the Universe "in intuition" [*Universum in der Anschauung*].⁵⁷

As can be seen, Schleiermacher's two faculties of the religious are equally divided between the I and the Universe in the *Wissenschaftslehre*. One could not expect more from Fichte, at least not at this moment of the evolution of his thought. In any case, even in this Augustinian apportionment of knowledge between God and man's intimate being, he was following a precise teaching of Schleiermacher: "Only one who has found oneself again can discover the living God more clearly than others can."⁵⁸ Hence the *Redner* turned to the *Gebildeten* as the privileged audience of its words: 'Nur Euch also kann ich zu mir rufen, die Ihr fähig seid Euch über den gemeinen Standpunkt der Menschen zu erheben, die Ihr den beschwerlichen Weg in das Innere des menschlichen Wesens nicht scheuet, um den Grund seines Thuns und Denkens zu finden.⁵⁹

It is not difficult to grasp in these words the delineation of the typical Fichtean conception of philosophizing as the passage from the *common point of view* to the point of view of transcendental philosophy, as the search in man's intimate being for the common root of objectivity and subjectivity, of thinking and acting, of the theoretical and the practical components of the spirit.

Once, however, the Fichtean "I" has opened itself, like the Schleiermacherian individual, to an intuition of the Universe, then naturally its ontological status cannot be exhausted in a freedom without limits, unaware of dependency, exposed to the risk of an empty activism that generates phantasms (like a kind of "dream of a dream," according to the expression in the *Bestimmung des Menschen*⁶⁰), and condemned to self-destruction. Now human freedom binds itself ever more concretely with being and its "deduction" attests to a dependence. The *Wissenschaftslehre* of 1801/02 states that "once formal Freedom is, it must be materially determined by the Absolute."⁶¹ It continues: "Therefore, no freedom without being [*sonach: keine Freiheit ohne Sein*]⁶² . . . it remains settled that knowing is freedom according to its substance, always however freedom bound in a determined way [*gebundene Freiheit*]."⁶³ Moreover, "this sense of freedom is not without a sense of being bound [*dies Gefühl der Freiheit ist aber nicht ohne*

---

57. *Darstellung der Wissenschaftslehre aus dem Jahre 1801*, Werke II, p. 125.
58. *Reden*, p. 197.
59. Ibid.
60. *Bestimmung des Menschen*, p. 245.
61. *Darstellung der Wissenschaftslehre aus dem Jahre 1801*, p. 107.
62. Ibid., p. 158.
63. Ibid., p. 159.

eines der Gebundenheit]."[64] With these statements Fichte anticipates Schleiermacher's well-known theses on *Frömmigkeit* as the feeling of absolute dependence, theses which seem to retain a polemical tone against the Fichte prior to his *Kehre*. Here are some of these theses:

"Unser ganzes Dasein uns nicht als aus unserer Selbsttätigkeit hervorgegangen zum Bewußtsein kommt. Daher in keinem zeitlichen Sein ein schlechthinniges Freiheitsgefühl seinen Ort haben kann."[65]

"Ein schlechthinniges Freiheitsgefühl kann es . . . für uns gar nicht geben: sondern, wer ein solches zu haben behauptet, der täuscht entweder sich selbst, oder er trennt, was notwendig zusammengehört."[66]

"Demnach ist unser Selbstbewußtsein als Bewußtsein unseres Seins in der Welt oder unseres Zusammenseins mit der Welt, eine Reihe von geteiltem Freiheitsgefühl und Abhängigkeitsgefühl; schlechthinniges Abhängigkeitsgefühl aber, d.h. ohne ein auf dasselbe Mitbestimmende bezügliches Freiheitsgefühl, oder schlechthinniges Freiheitsgefühl, d.h. ohne ein auf dasselbe Mitbestimmende bezügliches Abhängigkeitsgefühl gibt es in diesem ganzen Gebiete nicht."[67]

---

64. Ibid. On this point see W. Janke, *Fichte: Sein und Reflexion – Grundlagen der kritischen Vernunft*, Berlin 1970, pp. 275-289. Cf. also H.-J. Müller, *Subjektivität als symbolisches und schematisches Bild des Absoluten. Theorie der Subjektivität und Religionsphilosophie in der Wissenschaftslehre Fichtes*, Königstein 1980 and S. Sorrentino, *Ermeneutica e filosofia trascendentale*, pp. 247f (note).

65. F. Schleiermacher, *Der christliche Glaube*, ed. M. Redeker, Berlin 1960, I, p. 28. The edition quoted here is the second edition of Schleiermacher's theological masterpiece, edited by the author himself and published in 1830. In the first edition, published in 1821-22, the treatment of the theme of freedom was concise. Now that the first edition has been republished in three magnificent volumes (the third contains Schleiermacher's notes and extensive passages from the reviews) in the KGA I/7, it would be valuable to set up an analytical comparison on the specific theme of freedom in connection with that of absolute dependence in these two editions. In the meanwhile, see F. Beisser, *Schleiermachers Lehre von Gott dargestellt nach seinen Reden und seiner Glaubenslehre*, Göttingen 1970, pp. 61ff; F. Wagner, *Schleiermachers Dialektik. Eine kritische Interpretation*, Gütersloh 1974, pp. 156ff and 278ff; H.-R. Reuter, *Die Einheit der Dialektik Friedrich Schleiermachers. Eine systematische Interpretation*, München 1979, pp. 236ff; G. Ebeling, *Schlechthinniges Abhängigkeitsgefühl als Gottesbewußtsein*, in *Wort und Glaube*, Tübingen 1975, III, pp. 116-136; and my *Ispirazione e libertà*, pp. 62ff.

66. *Der christliche Glaube*, I, p. 27.
67. Ibid., p. 26.

The Problem of the Religious in Fichte and Schleiermacher 67

These theses, as is well-known, are asserted by Schleiermacher in his *Glaubenslehre*. It is not necessary to examine how far, as contrapositions to the Fichtean system of freedom established in the *Wissenschaftslehre* of 1794 and 1797/98, they allow themselves to be influenced by the positions arrived at by Fichte in the *Bestimmung des Menschen* of 1800 and then sanctioned by his so-called ultimate system of the absolute.[68] Rather we should draw attention to that event that, chronologically and ideally, marks the passage from one Fichtian system to the other and in the context of which Schleiermacher's *Speeches on Religion* also mature. We are obviously alluding to the *Atheismusstreit* and to the issues therein.

Concerning this it is sufficient to recall the overall judgment given by Schleiermacher to the *Atheismusstreit*, a quarter of a century later and ten years after Fichte's death, in his lectures on dogmatics, where he explained the cryptic note written in the margin of his copy of the *Glaubenslehre*: "*Fichte und Eberhard*".[69] That explanation has been preserved for us in this way in the notes of an auditor:

> Der Streit zwischen der fichtischen Schule und der Leibniw Wolffischen Schule, der in das Populäre hineingezogen wurde war, die Älteren Philosophien beschuldigten Fichte des Atheismus, indem dieser Alles Menschliche vermeiden wollte von Gott zu reden ... Fichte bezeugte dieselben des Goetzendienstes, da sie so menschlich von Gott sprachen –. Keiner war das beschuldigte – beide waren gläubig.[70]

How much wisdom there is in this final verdict on a controversy that had so inflamed hearts and minds! Yet it harbours the echo of the serenity with which, in the very heart of that controversy, Schleiermacher had synthesized its ultimate meaning: "In der Religion also steht die Idee von Gott nicht so hoch als Ihr meint, auch gab es unter wahrhaft religiösen Menschen nie Eiferer, Enthusiasten oder Schwärmer für das Dasein Gottes; mit großer Gelaßenheit haben sie das, was man Atheismus nennt, neben sich gesehn, und es hat immer etwas gegeben, was ihnen irreligiöser schien als dieses."[71]

It was because of this expression, and other similar ones, that he feared being

---

68. On this question see I.H. Fichte, *J.G. Fichte und Schleiermacher*, pp. 354ff (to be read, however, cautiously).
69. By this he is referring to the Wolffian-Leibnizian Eberhard, Schleiermacher's philosophy teacher at Halle, whose contribution in the disputation on atheism was discussed by Fichte in his report of the entire disputation published posthumously by his son under the title *Rückerinnerungen, Antworten, Fragen*. Cf. *Werke* V, pp. 340ff. Cf. E. Herms, *op. cit.*, pp. 44ff.
70. KGA I/7, 3, pp. 38f.
71. *Reden*, p. 245.

censured as an atheist, as Fichte had been. But such a fear, as the *Redner* says explicitly, when he clearly alludes to the *Atheismusstreit*, could not hinder him from talking about the supreme object of thought, i.e., of the Divinity:

> Ihr . . . nicht denket ich fürchte mich ein ordentliches Wort über die Gottheit zu sagen, weil es gefährlich werden will davon zu reden, bevor eine zu Recht und Gericht beständige Definition von *Gott* und *Dasein* [the two Augustinian-existential themes of philosophy, already met with in Fichte: *deus et anima, Existenz und Transzendenz, Vernunft und Existenz*] ans *Licht* gebracht und im deutschen Reich sankzionirt worden ist.[72]

III.

From what has been discussed thus far, the complexity and delicacy of my discourse, which intends to illuminate the conversation between Schleiermacher and Fichte concerning the religious, should be clear. We would like to conclude our analysis by drawing attention to the hermeneutical perspectives, which can be revealed with regard to such a conversation, and to meticulously examine the peculiar vocabulary of the two thinkers.

As we know, when they spoke of the religious, both Schleiermacher and Fichte established their object in the supremely qualifying expression: *the religious sense*.[73] The subject of the philosophy of religion (or, in Fichtean terms, of the doctrine of religion) is not God (as we have just seen in the quote from Schleiermacher) but the dimension by which the human spirit opens itself up to Transcendence. It is not necessary here to revive such accusations as subjectivism, intellectualism, or aestheticism, which have been thrown at this "liberal" concept of the philosophy of religion, in order to confute them.[74] Our concern is rather to underline how Fichte resorts to his own theory of the impulses [*Triebe*],[75] in order to illustrate the religious *a priori*, the condition for the possibility of all the historical manifestations

---

72. Ibid., p. 243. Cf. KGA I/2, p. 128.
73. Cf. my introduction to J.G. Fichte, *La dottrina della religione*.
74. A. Caracciolo replied lucidly and firmly to them: cf. A. Caracciolo, *Religione ed eticità. Studi di filosofia della religione*, Napoli 1971, pp. 15ff, and *Pensiero contemporaneo e nichilismo*, pp. 178ff.
75. Cf. particularly M. Wundt, *Fichte-Forschungen*, Stuttgart 1929 (repr. Stuttgart- Bad Cannstatt 1976), pp. 70ff, 127f; L. Pareyson, *L'estetica dell'idealismo tedesco*, Torino 1950, pp. 355ff; W.G. Jacobs, *Trieb als sittliches Phänomen*, Bonn 1967.

(symptomatically, Fichte speaks of "opinions"[76]) of religion. Fichte placed his theory of impulses at the basis of the philosophical education of mankind, in contrast, as is known, to Schiller, who in his celebrated thesis on the aesthetic education of mankind, justified himself by re-elaborating Fichte's theory of the impulses.[77] According to Fichte's theory, everything in the human spirit is derived from impulses or original tendencies, to which the sense of truth (which is at the foundation of philosophy), the moral sense, the aesthetic sense, and, finally, also the religious sense, are united in a basic unity.[78] Therefore, to the question from the philosophy of religion, "where is the religious sense derived in human beings?," Fichte can answer: it is born from a particular, indeed religious, configuration of the only fundamental *Trieb*, which is constituent of the various articulations of life and the "pragmatic history" of the spirit. And this spiritual impulse, like every other impulse that is present in a constitutive way in each single individual, can be educated.[79]

Now if for Fichte the impulse that is to predominate over the care of education is the theoretical one peculiar to the *bios theoretikòs*,[80] while for Schiller it is the ludic one of aesthetic existence,[81] for Schleiermacher it can be none other than the religious impulse, in the full development of which he sees the accomplishment of the highest ideal of *paideia*, inasmuch as in and through it all the other impulses too, from the theoretical to the practical, from the aesthetical to the social, achieve perfection and are transfigured by it. Looking closely, one could even re-examine the entire structure of the *Speeches on Religion* in the light of Fichte's theory of the impulses. The

---

76. Cf. *Versuch einer Kritik aller Offenbarung, Werke* V, p. 15.
77. Cf. *Lettere sull'educazione estetica dell'uomo*, in Schiller, *Saggi estetici*, Torino 1968, pp. 144ff.
78. Cf. *Rückerinnerungen, Antworten, Fragen, Werke* V, p. 345.
79. Hence we can see the importance that the subject of pedagogy, directed to the study of the authentic structures of a liberal *paideia*, receives in the thought of both Fichte and Schleiermacher.
80. This is what Fichte energetically underlined, above all, in the *Bestimmung des Gelehrten* of 1805. However, because of the rigorously transcendental character of Fichte's philosophy, it must be said that the theoretical dimension of the human spirit is inseparably intertwined with the practical one as well as with the aesthetical, political, and religious ones. Moreover, as already clearly stated in the *Wissenschaftslehre* of 1794, philosophy, and particularly the doctrine of science, "soll den ganzen Menschen erschöpfen; sie läßt daher sich nur mit der Totalität seines ganzen Vermögens auffassen. Sie kann nicht allgemein geltende Philosophie werden, so lange in so vielen Menschen die Bildung eine Gemüthskraft zum Vortheil der anderen ... tödtet" (*Werke* I, pp. 284f). Concerning the polemic between Fichte and Schiller see R. Lauth's introduction to J.G. Fichte, *Von den Pflichten der Gelehrten. Jenaer Vorlesungen 1794-95*, Hamburg 1971, pp. XXIf.
81. Above all in the *Lettere sull'educazione estetica*.

logical passages from one *Rede* to the other in the *Speeches* appear to be invitations to history, to *paideia*, to *ecclesia*, to sociality,[82] in which one cannot help but perceive the echo of Fichte's *Aufforderungen zur Freiheit, zur Wahreit, zur Sprache, zur Gesellschaft*.[83] Moreover, the same unmistakeably autobiographical bearing of this work by Schleiermacher is guided by the words in the first *Rede*:

> Als Mensch rede ich zu Euch ... von dem was seitdem ich denke und lebe die innerste Triebfeder meines Daseins ist, und was mir auf ewig das Höchste bleiben wird, auf welche Weise auch noch die Schwingungen der Zeit und der Menschheit mich bewegen mögen.[84]

These words, however, acquire their truest significance when they are illuminated by the anthropology that the *Redner* establishes precisely on the theory of the impulses and to which we are introduced in the very first expressions of his speech, almost under the form of a thesis: "Jede menschliche Seele – ihre vorübergehende Handlungen sowohl als die innern Eigenthümlichkeiten ihres Daseins führen uns darauf – ist nur ein Produkt zweier entgegengesetzter Triebe."[85] The Schleiermacherian impulses of attracting to oneself and extending one's inner self outward recall the two Fichtean moments of the theoretical and practical. Consequently, for Schleiermacher, "[j]ede Äußerung, jedes Werk des menschlichen Geistes ... [b]etrachtet man es von seinem Mittelpunkte aus nach seinem innern Wesen, so ist es ein Produkt der menschlichen Natur, gegründet in einer von ihren nothwendigen Handlungsweisen oder Trieben."[86] In this sense, "[a]us dem Innersten seiner Organization ... muß alles hervorgehen was zum wahren Leben des Menschen gehören und ein immer reger und wirksamer Trieb in ihm sein soll."[87] In the last analysis Schleiermacher maintains as a thesis that impulse, or instinct, guides one much better than one's intellect does, inasmuch as the tendency to happiness, to the full unfolding of the potentialities of the human spirit is intrinsic to it.[88]

Nevertheless, as can easily be foreseen in Schleiermacher and as we have already hinted, the whole life of the impulses is dominated by one particular

---

82. See, for example, *Reden*, pp. 245 and 270f.
83. See, for example, *Grundlage des Naturrechts nach Principien der Wissenschaftslehre*, *Werke* III, p. 39 (*die Aufforderung zur freien Selbstthätigkeit*).
84. *Reden*, pp. 190f.
85. Ibid., p. 191.
86. Ibid., p. 198.
87. Ibid., p. 250.
88. Ibid., p. 276.

impulse: the religious impulse, "the sacred instinct of religion."[89] And it is on this basis that each organizational form of the theoretical and the practical life must be discriminated and judged:

> Wer nur systematisch denken und nach Grundsaz und Absicht handeln, und dies und jenes ausrichten will in der Welt, der umgränzt unvermeidlich sich selbst und sezt immerfort dasjenige sich entgegen zum Gegenstande des Widerwillens was sein Thun und Treiben nicht fördert. Nur der Trieb anzuschauen, wenn er aufs Unendliche gerichtet ist, sezt das Gemüth in unbeschränkte Freiheit, nur die Religion rettet es von den schimpflichsten Feßeln der Meinung und der Begierde.[90]

And that impulse authenticates its own transcendental, constitutive nature through its own originality: man, in fact, is born with a religious disposition [*religiöse Anlage*] just like with any other disposition.[91] But, in the authentic *paideia* of the human spirit, it is destined, precisely, to assume a hegemonic position: "Je gesunder der Sinn, desto schärfer und bestimmter wird er jeden Eindruck auffaßen, je sehnlicher der Durst, je unaufhaltsamer der Trieb das Unendliche zu ergreifen, desto mannigfaltiger wird das Gemüth selbst überall und ununterbrochen von ihm ergriffen werden, desto vollkommner werden diese Eindrüke es durchdringen, desto leichter werden sie immer wieder erwachen, und über alle andere die Oberhand behalten"[92].

"*Nur der Trieb anzuschauen, wenn er aufs Unendliche gerichtet ist, setzt das Gemüt in unbeschränkte Freiheit*" – only a *paideia* that harmonizes all of the impulses in the service of the religious impulse can, therefore, define itself as generative of freedom. This is because it is only on the basis of freedom that the *Bildung zur Religion* can be realized: the Master and the disciple must be able to look for and choose each other in complete freedom, otherwise the one is lost to the other.[93] And *ecclesia*, religious communication, is born out of that search and that choice: once religion exists, it must necessarily also be social.[94] It is symptomatic, however, that in order to explain transcendentally the origin of religious communication Schleiermacher resorts to that *Trieb zur Gemeinschaft* with which Fichte had grounded the concept of "interpersonality" in the *Bestimmung des Gelehrten* of 1794. In the *Speeches on Religion*, Schleiermacher writes:

---

89. Ibid., p. 196.
90. Ibid., p. 218.
91. Ibid., p. 252.
92. Ibid., p. 219
93. Cf. ibid., p. 251.
94. Cf. ibid., p. 267.

> In der beständigen, nicht nur praktischen, sondern auch intellektuellen Wechselwirkung, worin er mit den Übrigen seiner Gattung steht, soll er alles äußern und mittheilen, was in ihm ist, und je heftiger ihn etwas bewegt, je inniger es sein Wesen durchdringt, desto stärker wirkt auch der Trieb, die Kraft deßelben auch außer sich an Andern anzuschauen, um sich vor sich selbst zu legitimiren, daß ihm nichts als menschliches begegnet sei.[95]

We further see that Fichte, in his *Bestimmung des Menschen*, in order to connote that *Trieb zur Gemeinschaft* in a more profoundly ethical-religious sense, did not hesitate to ground interpersonality on the voice of conscience, qualified, by virtue of its correspondence to the ineffable word of the Supreme Will, to guarantee the existence of beings in themselves subsistent, free, autonomous, completely independent of me.[96] Schleiermacher, in turn, with a symptomatic reference to the "secret hidden in one of the most ancient documents of the poetic art and of religion,"[97] anticipates this typically Fichtean argumentation as early as his *Speeches on Religion*. In fact, in the *Speeches on Religion*, in order to more clearly illuminate its transcendental character (which was powerfully influenced by the Hellenistic-Christian doctrine of the *psyché* described as "that towards which religion turns its gaze and from which it derives its intuitions of the world"[98]), the *Trieb zur Gemeinschaft* is converted into the "ardent desire for a world of one's own" (for a *Mit-Welt*, contraposed to the *Welt* in the very act of founding it); it stirred the soul of the first man who in woman

> In dem Fleische von seinem Fleische und Bein von seinem Beine endekte er die Menschheit, und in der Menschheit die Welt; von diesem Augenblik an wurde er fähig die Stimme der Gottheit zu hören und ihr zu antworten.... – [and the *Redner* concludes] – Unser aller Geschichte ist erzählt in dieser heiligen Sage.[99]

Schleiermacher's conclusion is as eloquent as it is programmatic of a conception of a philosophizing that understands how to find its way back to myth and, above all, rediscovers its own ancient vocation for a narration that recognizes that fundamentally both religion (Hegel) and ethics (Schleier-

---

95. Cf. ibid.
96. Cf. *Bestimmung des Menschen*, p. 259.
97. *Reden*, p. 227. Cf. Fichte's *Werke* III, pp. 39f.
98. *Reden*, p. 227.
99. Ibid., p. 228

macher) do nothing but "narrate."[100] And it is in this text, which is certainly one of the highest documents of Schleiermacher's hermeneutical art, that we also can find those words most suitable for concluding our entire discourse on the dialogue between Schleiermacher and Fichte on the problem of the religious. Those words state: "The Divinity recognized that the world which it had created would have been like nothing, as long as man remained alone."[101] Yet again the shadow of nothingness – evoked here in the typical enunciation of a methodical nihilism – envelopes the self-satisfied I, hermetically enclosed in its own dreamy seclusion, in order to destroy its false Promethean securities and familiarize it with the Socratic methods of *skepsis* and dialogue.

---

100. Concerning this point see my essay "Etica e narrazione in Novalis," *Filosofia* (1984), pp. 183-198; cf. also R.F. Thiemann, "Piety, Narrative, and Christian Identity," in *Word and World: Theology for Christian Ministry*, 1983, p. 148-159.

101. *Reden*, p. 228.

DER "ERDGEIST" ALS PHILOSOPHISCHER TOPOS BEI FRIEDRICH SCHLEGEL, SCHLEIERMACHER, SCHELLING UND HEGEL

Hermann Patsch − München

Es gehört zur Aufgabe historisch-genetischer Begriffsgeschichte als eigenständiger Disziplin der Philosophiehistorie, die Entstehung, die Bedeutung, den Gebrauch und unter Umständen den Verfall philosophischer Begriffe in ihrem geschichtlichen Umfeld zu erforschen und in ihrer Funktion zu klären.[1] Dabei werden auch Begriffe zu analysieren sein, die noch keine strenge definitorische Fassung erlangt haben, sondern einer philosophischen Metaphorologie oder Topologie zugerechnet werden müssen. Philosophisches Denken geht ja keineswegs in strenger Form abstrakter Begrifflichkeit auf, sondern hat sich von ihren Anfängen an der Gebrauchssprache, der Fachsprachen, aber auch der Sprache der Poesie bedient.

Ein solcher Fall ist der philosophische Topos "Erdgeist", der in der Goethe-Zeit zu einem genau datierbaren Zeitpunkt und in einem genau abgrenzbaren personalen Umfeld auftaucht und wieder verschwindet, nämlich im Umkreis der Jenaer Romantik zwischen 1799 und 1807. Beides − Entstehung wie Verfall − scheint mit der poetischen "Seitengeschichte" dieser Metapher zu tun zu haben, ohne daß das historisch-philologisch exakt bewiesen werden kann: mit der bekannten poetisch-naturmythologischen Gestalt der "Erdgeistes" in Goethes *Faust*. Weder Schlegel noch Schleiermacher sind sich freilich dieser Verwandtschaft bewußt, d.h. sie gebrauchen den Topos ohne Erinnerung an Goethe; Schelling und Hegel aber können der poetischen Assoziation nicht widerstehen, und es läßt sich zeigen, daß dies den Tod der philosophischen Metapher bedeutet hat. Der zeitliche Rahmen jedenfalls ist von Goethe abgesteckt: zwischen dem

---

1. In erweiterter, stärker auf die deutsche Dichtung (Goethe, Herder, Spätromantik, Wedekind, Lehmann) bezogener Fassung erschien dieser Vortrag unter dem Titel *Metamorphosen des Erdgeistes* in "New Athenaeum/Neues Athenaeum", 1 (1989). In der gegenwärtigen Fassung sind Vorschläge aus der Diskussion in Salerno eingearbeitet. (Sie bleibt Hans-Wolf Becker gewidmet). − Vgl. den zusammenfassenden Artikel *Begriffsgeschichte* von H.G. Meier in *Historisches Wörterbuch der Philosophie*, hg. v. J. Ritter, Darmstadt 1971, Bd.1, Sp. 788-808.

Erscheinen von *Faust. Ein Fragment* (1790) und von *Faust. Der Tragödie Erster Theil* (1808).

Es ist erstaunlich, wie schon in dieser temporalen Begrenzung die angeführten Autoren den Topos sehr unterschiedlich akzentuieren und in ihre philosophische Theoriebildung einbringen; es wird sich zeigen, daß – sei es in positiver Aufnahme, sei es in der Abwehr – mit diesem Begriff nicht nur Randbezirke ihres Denkens berührt werden[2].

1. Die naturphilosophischen und, daran anknüpfend, religionsphilosophischen Spekulationen Friedrich Schlegels, anläßlich deren er mit der Figur des "Erdgeistes" arbeitet, wird man kaum verstehen können ohne die Kenntnisnahme der Wiederentdeckung und -erweckung der gnostisch-alchemistischen Systeme des Paracelsus und des Jakob Böhme im 18. Jahrhundert[3]. Auch bei Goethe und Herder hat die Forschung auf diese Tradition verwiesen. Schlegel ist in seinen philosophischen Papieren aus den Jahren 1799-1806 aus einer Rezeption der naturmythologischen Elementargeisterlehre bis zu christologischen Folgerungen fortgeschritten, was man wohl als Zwischenstufe seiner Entwicklung von der idealistischen Philosophie hin zum Katholizismus interpretieren darf. Mir unverständlich ist das erste, wie selbstverständliche Vorkommen in dem Jenaer Gedanken-Heft von 1799: "Die Principien der Cultur lassen sich wohl vereinigen mit der Theorie von der Explosion des Erdgeistes"[4]. Hier wird sichtlich, ohne daß sie im einzelnen verständlich wird, eine hermetische in eine kulturphilosophische Theorie umgemünzt.

In den Pariser Jahren (ab 1803) ringt Schlegel dann um die naturphilosophische Position, die er in den sog. Kölner Vorlesungen (1805/06) vortragen wird. Hierbei spielt der "Erdgeist" im Bereich einer "Geisterlehre" als notwendigem Bestandteil der Philosophie[5] eine nicht unwichtige Rolle. Der "Erdgeist" gehört demnach zu den siderischen Geistern und macht zusammen mit der "Erdseele" das "Bewußtsein der Erde" aus[6]. Wenn es die Voraussetzung des Idealismus sei – wie Schlegel mit Anklang an Schellings *Weltseele* von 1798 meint – daß alles "beseelt"

---

2. Vgl. kurz K. Goldammers Artikel *Erdgeist, Erdgeister*, in *Historisches Wörterbuch der Philosophie*, Bd.2, Sp. 607f. Der Autor gibt lediglich einen Beleg bei Schelling und Hegel, weiß von Schleiermacher und Schlegel nichts.

3. K. Goldammer, *Paracelsus in der deutschen Romantik... Mit einem Anhang über die Entstehung und Entwicklung der Elementargeister-Vorstellungen seit dem Mittelalter*, Wien 1980.

4. *Kritische Friedrich-Schlegel-Ausgabe* (=KFSA), Bd. 18, *Philosophische Lehrjahre 1796-1806, Erster Teil*, hg.v. E. Behler, München 1963, S. 351 (Nr.367).

5. Ibid., 550 (Nr.25).

6. KFSA Bd. 19, *Philosophische Lehrjahre 1796-1806, Zweiter Teil*, hg.v. E. Behler, München 1971, S. 101 (Nr.176).

sei, dann müsse man sich auch die die Erde umgebende Atmosphäre als mit Bewußtsein begabt denken. Dabei erhalte man zwei Arten von Bewußtsein, ein irdisches und ein luftiges: die "Erdseele" als den in dem Erdkörper "eingeschlossenen Geist"[7] und den "Erdgeist" als "die in der atmosphärischen Luft verbreitete höhere Kraft"[8]. Beide zögen sich gegenseitig an und suchten sich zu vereinigen, was in der Geschichte der Welt Fortschritte mache, aber nicht vollkommen gelinge. Dabei sei der "Erdgeist" als "Luftgeist" und "Lichtgeist" der eigentlich aktive Teil, der sich dem hilfsbedürftigen Element aus "Mitleiden" anschließe[9].

Im Menschen nun, resümiert Schlegel, seien "Erdgeist" und "Erdseele" miteinander vereinigt wie die elektrischen Pole von Plus und Minus[10]. Er entstamme nämlich beiden: "Der vernünftige Mensch ist eine Hervorbringung beider Kräfte, der Erdseele als der gebärenden, und des Erdgeistes als der *anregenden* Kraft"[11]. Der "Erdgeist" nämlich "hauche" dem Menschen die Sprache an, die dem Tiere fehle[12], d.h. er hat den eigentlichen Unterschied zwischen Mensch und Tier bewirkt. "Der Geist hat den Menschen allein vorgezogen"[13].

An dieser Stelle ist systematisch der Gelenkpunkt zur Religionsphilosophie gefunden, der "Erdgeist" wird mit Christus in Analogie gesehen, schließlich identifiziert: "Dieser Begriff des *Geistes* der *Erde* in der Philosophie entspricht jenem des Sohns in der Religion, da der Erdgeist und sein Anschließen an das irdische Element sich philosophisch nicht anderswoher als aus *Liebe* und *Mitleid* erklären läßt. Für den Menschen ist er der erlösende Sohn, für die *Erde* der beseelende, ordnende *Erdgeist*, in dem wir atmen und leben, und der die schützende Macht gegen die Feindseligkeit des

---

7. Die Metapher erinnert stark an Schellings Bild vom "Riesengeist", der "versteinert" im "engen Panzer" der Erde lebe (*Epikurisch Glaubensbekenntnis Heinz Widerporstens* 1799, in *Deutsche Literatur in Entwicklungsreihen. Reihe Romantik*, Bd. 9: *Satiren und Parodien*, bearb. v. A. Müller, Repr. Nachdr. Darmstadt 1970, S. 177-186). Das – zu Lebzeiten Schellings ungedruckt gebliebene – Gedicht entstand während des gemeinsamen Lebens mit Schlegel. Vgl. J. Kirchhoff, *Schelling in Selbstzeugnissen und Bilddokumenten*, Reinbek 1982, S. 32ff.
8. *Die Entwicklung der Philosophie in Zwölf Büchern. Fünftes Buch. Theorie der Natur*, in KFSA Bd.12, *Philosophische Vorlesungen (1800-1807), Erster Teil*, hg. v. J.-J. Anstett, München 1964, S. 454.
9. Ibid., 455.
10. Ibid., 469.
11. *Die Entwicklung... Sechstes Buch. Theorie des Menschen*, in KFSA Bd. 13, *Philosophische Vorlesungen (1800-1807), Zweiter Teil*, München 1964, S. 29.
12. Ibid., 29f. Vgl. Bd.19, S. 203 (Nr. 18).
13. Bd. 13, S.30.

bösen Prinzips ist"[14]. So verstehen sich kühne Gleichungen aus den Fragmentheften wie "Christus = Erdgeist = Verstand"[15], oder – wohl von Joh. 1 angeregt – "Der Sohn (hat) die Welt gebildet (als bildender Erdgeist und Luft) nehmlich alles was schön und idealisch darin ist; er ist der *Herr der Geister oder Ideen*"[16].

2. Der Leser atmet auf, wenn er von Schlegels mythologisch-christologischen Spekulationen zu dem entmythologisierten "Erdgeist"-Topos bei Schelling und Schleiermacher kommt. Ob dieser von Friedrich Schlegel direkt oder indirekt angeregt ist, ließe sich wohl biographisch vermuten, sachlich aber kaum belegen. Immerhin ist doch auffällig, wie selbstverständlich Schelling und Schleiermacher mit diesem Topos umgehen, ohne ihn einzuführen oder zu rechtfertigen. So könnte an Schleiermachers Freundschaft mit Schlegel seit der gemeinsamen Berliner Zeit (ab 1797) und an die Tischgenossenschaft Schellings mit Schlegel in Jena im Herbst 1799 erinnert werden[17]. Hier könnte die "Erdgeist"-Metapher eine gelegentliche Rolle im gemeinsamen Sym-Philosophieren gespielt haben, ohne daß deren Herkunft und anfängliche Bedeutung noch sichtbar wären. Wäre so eine biographische Brücke denkbar – die über Schelling auch für Hegel gälte –, kann eine solche für die philosophische Entwicklung aber nicht aufgezeigt werden.

Gänzlich unauffällig ist das erstmalige, lediglich einmalige Vorkommen der "Erdgeist"-Metapher in dem veröffentlichten philosophischen Text, der als Ausgangspunkt der späteren Weiter- und Umbildung bei Schleiermacher anzusehen ist, nämlich in Fr.W.J. Schellings *Vorlesungen über die Methode des akademischen Studiums* von 1803[18]. Diese im Sommer 1802 in Jena gehaltenen Vorlesungen, die zu den Grundtexten der sich in der Romantik entwickelnden modernen Geisteswissenschaften gehören, entwerfen eine

---

14. *Die Entwicklung... Siebentes Buch. Theorie der Gottheit*, Ebd., S. 39. In einer späteren Anmerkung erwägt Schlegel die Identifikation mit dem Heiligen Geist (ebd.).
15. Bd. 18, S.498 (Nr. 276).
16. Bd. 19, S. 215 (Nr. 111).
17. Vgl. E. Behler, *Friedrich Schlegel in Selbstzeugnissen und Bilddokumenten*, Reinbek 1966, S. 56ff, 80. Von dem "Romantiker-Treffen" in Jena ließen sich biographisch auch die Anklänge an die Naturphilosophie des Novalis herleiten, der allerdings in seinem *Allgemeinen Brouillon* von 1798/99 von "Weltgeist" und "Weltseele" spricht, nicht aber vom "Erdgeist" (Novalis, *Schriften*, Bd. 3, *Das philosophische Werk* II, hg. v. R. Samuel, Stuttgart 1968). Zur Aufnahme der Goetheschen Gestalt im Gedicht s. Novalis, *Schriften*, Bd.1, *Das dichterische Werk*, dritte rev. Aufl. hg.v. R. Samuel, Darmstadt 1977, S. 354f.
18. F.W.J. Schelling, *Vorlesungen über die Methode des academischen Studium*, Tübingen (Cotta) 1803. Ich zitiere diese erste Auflage und gebe in Klammern die Seiten der Ausgabe der *Sämtlichen Werke* Schellings, Stuttgart/Augsburg, Erste Abtheilung Fünfter Band 1859, gemäß dem Abdruck in *Ausgewählte Werke*, (Schriften von 1801-1803), Darmstadt 1981.

Der "Erdgeist" als philosophischer Topos 79

Gesamtschau aller Wissenschaften auf dem Hintergrund der idealistischen Philosophie, näherhin der von Schelling in den Jahren vorher geschaffenen Identitätsphilosophie.

Während die erste Vorlesung den absoluten Begriff der Wissenschaft als eines organischen Ganzen als leitendes Prinzip aller Einzelwissenschaften herausarbeitet – Schelling spricht von einem "Urwissen", "ewigen Wissen", dessen "Abbild" das endliche Wissen sei[19] –, gibt die zweite Vorlesung den Universitäten die Aufgabe, Ort der Forschung im Sinne der ursprünglichen Einheit allen Wissens zu sein. Dabei kommt der Philosoph auf die Frage zu sprechen, wieso das absolute Wissen überhaupt als endliches, einzelnes behandelt werden müsse. Der Grund liege in der Individualität, also zeitlichen und räumlichen Beschränktheit dessen, der Wissenschaft treibe. Gehe Wissenschaft zwar auf Gründung einer Ewigkeit inmitten der Zeit, so sei die Unabhängigkeit des Wesens der Wissenschaft von der Zeit nur innerhalb der – ewigen – Gattung möglich, wozu es also der Tradition bedürfe. "Es ist also nothwendig, daß, wie das Leben und Daseyn, so die Wissenschaft sich von Individuum an Individuum, von Geschlecht zu Geschlecht mittheile". So sei alle Wissenschaft und Kunst des gegenwärtigen Menschengeschlechts eine überlieferte.

An dieser Stelle spielt Schelling auf eine geschichtsphilosophische Spekulation an, ohne sie auszuführen oder zu begründen: "Es ist undenkbar, daß der Mensch, wie er jetzt erscheint, durch sich selbst sich vom Instinkt zum Bewußtseyn, von der Thierheit zur Vernünftigkeit erhoben habe. Es mußte also dem gegenwärtigen Menschengeschlecht ein anderes vorgegangen seyn, welches die alte Sage unter dem Bilde der Götter und ersten Wohlthäter des menschlichen Geschlechts verewigt hat. Die Hypothese eines Urvolks erklärt bloß etwa die Spuren einer hohen Kultur in der Vorwelt, von der wir die schon entstellten Reste nach der ersten Trennung der Völker finden, und etwa die Übereinstimmung in den Sagen der ältesten Völker, wenn man nichts auf die *Einheit des allem eingebohrnen Erdgeistes* rechnen will: aber sie erklärt keinen ersten Anfang und schiebt, wie jede empirische Hypothese, die Erklärung nur weiter zurück"[20].

In dieser Darlegung ist die Kautel "wenn man nichts auf die Einheit des allem eingebohrnen Erdgeistes rechnen will" lediglich ein Nebengedanke, der keineswegs die eigentliche, bessere Erklärung andeuten will. Gemeint ist sichtlich en passant, daß die Spuren einer hohen Kultur in der Vorzeit oder

---

19. S. 14f (I/5,216f).
20. S. 31f (I/5,224f). Die Behauptung von Goldammer (a.a.O.), in der ersten Auflage habe es geheißen "alle innewohnenden", ist unzutreffend. Auch in der zweiten Ausgabe (1813) lautet der Text wie oben.

die Übereinstimmung in den Sagen der ältesten Völker auch auf die Einheit des menschlichen Geistes zurückgeführt werden könnte, der überall Ähnliches schaffen könne. Dieser Gedanke ist weder spezifisch schellingianisch[21] noch besonders originell, auffällig und bisher nicht erklärbar ist lediglich der Gebrauch des Wortes "Erdgeist"[22].

3. Trotz der Singularität des Gebrauchs dieses philosophischen Topos ist er, und das ist erstaunlich genug, Friedrich Schleiermacher bei der Lektüre aufgefallen und hat ihn zu weitergehender Anwendung angeregt. Einige Jahre lang gehört der "Erdgeist" wie selbstverständlich zu seinem philosophischen Wortschatz. Der erste Beleg findet sich in einem Gedankenheft aus den Jahren 1802/04, an dieser Stelle auf etwa Mitte 1803 datierbar, innerhalb folgenden Fragmentes: "Ist es nicht anmaßend daß der Mensch glaubt auch nur als Modification mit Gott unmittelbar zusammenzuhängen? Er ist wol nur *Modification des Erdgeistes*, und wir sollten unsre absoluten Triebe und Schranken aus den Verhältnissen der Erde zu verstehen suchen"[23]. Daß Schleiermacher hier einen Begriff Schellings aufnimmt, ist an dieser Stelle philologisch nicht beweisbar, sondern lediglich analog zu dem späteren deutlichen Zitat in der Rezension der Vorlesungen Schellings erschließbar.

Welche Bedeutung hat "Erdgeist" hier? Auf den ersten Blick könnte es so aussehen, als spiele Schleiermacher mit einer mythischen Figur, daß er also – analog zu Gott als dem himmlischen Geist – mit einem Geist der Erde rechnete. Man müßte dann wie bei Goethe und Schlegel auf eine Assoziation an pansophische Spekulationen schließen. Der weitergehende Satz zeigt freilich, daß das nicht angeht. "Erdgeist" steht parallel zu "Verhältnisse der Erde", d.h. Schleiermacher will sagen, daß der einzelne Mensch lediglich die individuelle Ausformung des Menschengeschlechts darstelle, so daß seine "absoluten Triebe und Schranken" – nämlich sein Erkenntnistrieb, kraft dessen er seine Endlichkeit transzendieren möchte – nicht schon per se einen Hinweis auf übermenschliche Herkunft und überindividuelle Erkenntnismöglichkeiten abgäben, sondern gleichfalls aus

---

21. Eine naturphilosophische Auslegung – etwa "Erdgeist" als Metamorphose des Erdkörpers (im Sinne der *Darstellung meines Systems der Philosophie* von 1801, SW I/4, 1859, S. 105-212, vgl. bes. S. 207f, aber hier fehlt der Begriff "Geist") – schließt sich aus.
22. Eine Identifikation mit dem der Philosophie der Zeit geläufigen Begriff "Weltgeist" ist nicht ratsam, da dieser Begriff wenige Seiten später im Sinne von "Gott" vorkommt, was "Erdgeist" hier auf keinen Fall heißen kann. Vgl. S. 35 (I/5,226): "... in ihrer Geschichte (sc. der Wissenschaften wie der Künste) erkennt der Philosoph noch unenthüllter gleichsam die Absichten des Weltgeistes...."
23. F.D.E. Schleiermacher, *Schriften aus der Berliner Zeit 1800-1802*, KGA I/3, Berlin/New York 1988, S. 323f.

Der "Erdgeist" als philosophischer Topos 81

den Bedingungen menschlichen sozialen Lebens zu erklären seien. Vielleicht kann man das Gemeinte mit modernen Begriffen so ausdrücken: Schleiermacher fordert eine Anthropologie, die nicht idealistisch-religionsphilosophisch, sondern sozialphilosophisch orientiert ist. Erkenntnistheoretisch gewendet: nicht um die Konstruktion eines "absoluten", quasi göttlichen Wissens als fundierende Einheit alles Einzelwissens geht es, auch nicht darum – naturphilosophisch mit den Worten Schellings gesagt –, durch die Vernunfttätigkeit des Menschen die in der Naturseite der Wirklichkeit lediglich "reale" Offenbarung Gottes "im Idealen" zu vervollständigen[24], sondern – bescheidener und realistischer – das Denken des Menschen als individuelle Tätigkeit zu sehen und eine mögliche überindividuelle Einheit auf die "Verhältnisse der Erde" zurückzuführen. Das hieße freilich, daß Schleiermacher an dieser Stelle, fragmentarisch und nur der Selbstvergewisserung dienend, eine deutliche Distanzierung gegenüber den Konzeptionen des deutschen Idealismus erkennen ließe. Ob dabei der Terminus "Erdgeist" eine eigene philosophische Relevanz gewinnen soll, ist nicht zu sehen.

Schleiermachers (anonyme) Rezension der *Vorlesungen* Schellings[25] in der *Jenaischen Allgemeinen Literatur-Zeitung* 1804 gilt als Hauptbeleg seiner philosophischen Annäherung an diesen[26]. Das stimmt im Hinblick auf die Gemeinsamkeit der idealistischen Philosophen, den erkenntnistheoretischen Dualismus Kants überwinden zu wollen, und da stimmt mit speziellem Bezug auf Schelling, insofern diese Überwindung durch einen Denken und Sein vorausliegenden Indifferenzpunkt geleistet werden soll. Die Rezension als solche aber ist kritisch und den eigenen Denkansatz behauptend; die epochemachenden Entwürfe der Hallenser Vorlesungen über philosophische Ethik, Hermeneutik und Enzyklopädie künden sich ebenso an wie die Universitätsschrift (*Gelegentliche Gedanken über Universitäten in deutschem Sinn* 1808). Das kann im Einzelnen hier nicht entfaltet werden. Gegen Ende dieser Rezension jedenfalls kommt Schleiermacher auf sein Spezialgebiet und -interesse zu sprechen: die Ethik.

---

24. A.a.O. (oben, Anm. 18), S. 18 (I/5,218); vgl. auch den Schluß der ersten Vorlesung.
25. Die Rezension erschien in der *Jenaischen Allgemeinen Literatur-Zeitung* 1804, Bd.2, Sp. 137-151 (nicht ganz textgenau abgedruckt in *Aus Schleiermacher's Leben*, Bd. 4, Berlin 1861, S. 579-593. Ich gebe die Seiten in Klammern).
26. Vgl. H. Süskind, *Der Einfluß Schellings auf die Entwicklung von Schleiermachers System*, Tübingen 1909 (Neudr. Aalen 1983), und neuerdings, durch neue Quellen vertieft, A. Arndt, "Schleiermachers Philosophie im Kontext idealistischer Systemprogramme. Anmerkungen zur Systemkonzeption in Schleiermachers Vorlesungen zur philosophischen Ethik 1807/08," *Archivio di filosofia*, 52 (1984), S. 103-121.

Es gehört zu den stehenden Vorwürfen Schleiermachers gegenüber Schelling, daß aus dessen Theorie keine Ethik abzuleiten sei[27]. Genau hier ist auch der Angelpunkt der Kritik[28]. Schelling habe nur Weniges über die Moral gesagt und wo, dann "nur Schönes", er habe aber versäumt, ihr im System des gesamten Wissens ihren Ort anzuweisen. Das müsse aber geschehen, wenn Ethik ebenso wenig wie die theoretische Philosophie ohne Konstruktion gedacht werden könne, d.h. selbst eine spekulative Wissenschaft sei. Schleiermacher erwägt dann einen Gegensatz zwischen theoretischer und praktischer Philosophie in ihrem Verhältnis zu den realen Wissenschaften – einen Gegensatz, den Schelling, Kant hinter sich lassend, nicht zugestehen kann, woraus Schleiermacher folgert, daß die Ethik in seinem System "keine Haltung" habe – und schlägt vor, als realwissenschaftliches Korrelat zur praktischen Philosophie die "sogenannte Wissenschaft der Geschichte" zu setzen. Mit eigenen Worten gesagt: Schleiermacher fordert von Schelling, eine praktische Philosophie als theoretische ("spekulative") Bezugswissenschaft, als Metaethik, zu den geschichtlichen Systemen menschlichen Handelns zuzulassen. Es sei nämlich – schreibt er gegen Ende – "eine dem System der Erkenntnisse gegenüberstehende Aufgabe für jede Philosophie, auch ein ihren Grundsätzen gemäßes System der Gesinnungen und des Lebens aufzuführen" und "die Bedeutsamkeit des Handelns durch die Ideen" festzusetzen. "Auf diese Art könnten auch vielleicht jene zerstreuten Äußerungen über Staat und Kirche und andere ideale Producte, in denen *das Handeln* sich äußerlich ausdrückt, eine etwas bessere Haltung bekommen. So daß es fast scheint, wenn Herr Schelling nur erst die Moral construiren, und das mit der theoretischen und praktischen Philosophie in Ordnung bringen wollte, alsdann auch die Lücken in dem System der Erkenntnisse sich ausfüllen lassen würden. Und sollte nicht die Stellung der Vernunft als Centrum der Natur, und die Rücksicht auf den Allen eingebornen Erdgeist, und noch Einiges andere ohne große Schwierigkeiten hiezu führen?"[29].

Daß Schleiermacher hier die oben angeführte Stelle, an der Schelling vom "Erdgeist" spricht, zitiert, ist unmittelbar evident. Der "Erdgeist" ist dabei offenbar, wie vorher Staat und Kirche, als "ideales Produkt" gedacht, d.h. als abstrahierender Begriff der praktischen Philosophie, der eine

---

27. KGA I/3,320 (ca 1803); Brief an Friedrich von Raumer, 12. Jan. 1807 (H. Meisner, *Schleiermacher als Mensch. Sein Wirken. Familien- und Freundesbriefe 1804 bis 1834*, Stuttgart/Gotha 1923, S. 88); vgl. auch die Schlußerwägungen in den *Grundlinien einer Kritik der bisherigen Sittenlehre*, Berlin 1803, bes. S. 487.
28. S. zum Folgenden a.a.O., Sp. 147f (S. 588ff) und Sp. 151 (S. 592f).
29. Sp. 148 (S. 589f).

Der "Erdgeist" als philosophischer Topos 83

überindividuelle Entität beschreibt, in der das Handeln der je einzelnen Individualitäten sich "äußerlich ausdrückt".

Was in dieser Rezension ein wenig kryptisch behandelt ist, hat Schleiermacher in seinen Hallenser Vorlesungen über philosophische Ethik von 1805/06 deutlicher – und mit der gleichen philosophischen Metapher – herausgearbeitet[30]. Auffällig ist auch hier ihr wie selbstverständlicher Gebrauch. Nachdem Schleiermacher einleitend die Möglichkeit und Notwendigkeit der Ethik als philosophischer Disziplin erläutert hat, nämlich als der der Naturphilosophie korrelative Teil der realen Wissenschaften, der die Gesetze des menschlichen Handelns in der Geschichte als "Beseelung der menschlichen Natur durch die Vernunft"[31] beschreibt, führt er als deren hauptsächliche Teildisziplin die "Darstellung des höchsten Gutes" durch, worunter er "das ganze organisirte Leben" versteht. Wir würden dazu heute wohl Kultur- bzw. Sozialphilosophie sagen. Dabei behandelt er, wie aus der Rezension schon zu vermuten war, auch den Staat, den er organologisch (und nicht naturrechtlich) aus der Idee der Kultur entwickelt[32]. Das kann im Einzelnen hier nicht erörtert werden. Interessant an dieser Stelle ist, daß Schleiermacher dem Staat "Individualität", "Persönlichkeit" zuschreibt[33], der folglich wie das menschliche Individuum dem Werden und Vergehen unterliege, also in einem anderen Staat oder einer Staatengemeinschaft aufgehen könne. "Verschwindet" der Staat in dieser höheren soziologischen Einheit wie der Einzelne oder die Familie in den ihn umgreifenden, überdauernden Gebilden? Auf diese Frage antwortet Schleiermacher mit der philosophischen Metapher des "Erdgeistes": "Insofern sie (sc. die Staaten) aber verschwinden, verschwinden sie allerdings in einer höhern Individualität, nemlich in der des Erdgeistes, den wir ja auch als ein Individuum begreifen müssen"[34].

In Analogie zu "Familiengeist" und "Familienindividualität"[35], die das einzelne Individuum bei der Geburt vorfindet, mitgestaltet und in die hinein er im Tod verschwindet, in Analogie auch zur Rede vom "Organischen" des Staates, seiner Individualität – der Begriff "Geist des Staates" wird vermieden –, spricht Schleiermacher hier von einem "Erdgeist" als der

---

30. F.D.E. Schleiermacher, *Brouillon zur Ethik (1805/06)*, hg.v. H.-J. Birkner, Hamburg 1981.
31. Ibid., S. 11, dort auch das folgende Zitat. Vgl. dazu die eindringliche Untersuchung von E. Herms, "'Beseelung der Natur durch die Vernunft'. Eine Untersuchung der Einleitung zu Schleiermachers Ethikvorlesung von 1805/06," *Archivio di filosofia*, 52 (1984), S. 49-102.
32. Ibid., S. 64ff.
33. S. 69; zur "Individualität" der Kirche s. S. 114.
34. S. 73.
35. S. 62.

letzten organischen Stufe der allen Menschen und ihren sozialen Organisationsformen gemeinsamen und sie umfassenden Kultur. In einem solchen Zusammenhang kann dann ein so kühner Satz fallen wie "im Erdgeist giebt es keinen Irrthum" – weil nämlich Irrtum auf Partikularität beruht, weil in jedem Menschen desto mehr Irrtum ruht, "je mehr noch für ihn Unethisiertes in ihm ist"[36]. Wahrheit, die Identität von Theorie und Praxis im Bereich der Sittlichkeit, gibt es nur in einem gemeinschaftlichen größeren Ganzen: "Zulezt bleibt als lezte Einheit, in welcher alles Sittliche ist, der Erdgeist übrig"[37]. "Zur Bildung der Erde sind wir berufen", heißt darum das zusammenfassende "Motto"[38], und damit ist die sittliche Aufgabe des Einzelnen umschrieben, dessen letztes Ziel der vernunftgemäßen "Beseelung der Natur" die Erde als ganze ist.

Der Analogieschluß vom Menschen als einem organischen Wesen auf die "Welteinheit in der Unendlichkeit des Einzelnen" als einem organischen Ganzen, "dem Eine Seele einwohnt"[39], führt zu der uns ungewohnten Rede von der Individualität des "Erdgeistes". Sie leitet sich ab aus der korrelierenden Weltbeschreibung von Naturphilosophie und Moralphilosophie. Die "physische" Weltsicht – Schleiermacher denkt hier wohl am ehesten an seinen naturphilosophischen Freund Henrik Steffens[40] – "geht vom Planetarischen aus und endet mit der Individualität in das Organische; die ethische geht vom Bewußtsein aus und endet mit der Individualität des Planeten"[41]. Der Systemzwang fordert die gleiche Begrifflichkeit.

Mit der Behauptung einer "Wechselbeziehung" zwischen Ethik und Naturphilosophie glaubt Schleiermacher die Transzendentalphilosophie seiner Zeit zu überwinden. Führe die "reine Moralphilosophie" – man wird ergänzen müssen: Kants und Fichtes – zu einer "bloß gehaltlosen Form des Erkennens", so die reine Naturphilosophie – also Schellings – nur zu einem "gleichsam zauberisch Gegebenen, Erstarrten"[42]. Die so behauptete "Oszillation" muß freilich erkenntnistheoretisch gesondert begründet werden, in einer eigenen Grundwissenschaft, die Schleiermacher *Dialektik*

---

36. S. 79.
37. S. 77.
38. S. 73. Mit diesem Satz beschloß Schleiermacher die Vorlesung vor Beginn der Weihnachtspause.
39. S. 84.
40. Zu diesem vgl. F. Paul, *Henrich Steffens. Naturphilosophie und Universalromantik*, München 1972, zum Zusammenhang mit Schleiermacher den Hinweis bei Arndt, a.a.O. (Anm. 26), S. 474.
41. S. 123.
42. S. 124.

Der "Erdgeist" als philosophischer Topos 85

nennt[43]. Darauf kann hier nur verwiesen werden. Die metaphorische Rede vom "Erdgeist" ist jedenfalls ein Beleg für das Bestreben, auch in den äußersten Formen menschlicher Vergesellschaftung, politischen (Staat), geistlichen (Kirche) wie kulturellen (Sprache), das Prinzipium Individuationis, das Schleiermacher von Spinoza gelernt hatte, festzuhalten[44]. Die Individualität des Einzelnen und damit seine Freiheit ist gewahrt, in der "Individualität des Erdgeistes" kann die "Idee des objectiven Wissens selbst als eines irdischen individuell" aufgefaßt, also die "Identität eines Allgemeinen und Besonderen" überhaupt erst sinnvoll behauptet werden[45]. Es ist Schleiermachers tiefe Überzeugung, daß nur so eine philosophische Begründung menschlichen Handelns gelingen könne.

Im gleichen Arbeitszusammenhang und entstehungsgeschichtlich unmittelbar während der Ethik-Vorlesung, nämlich im Dezember 1805, entstand ein künstlerisches Werk Schleiermachers, die Gesprächs-Novelle *Die Weihnachtsfeier*. Auch in ihr spielt der "Erdgeist" eine philosophisch-theologische Rolle. Ohne Kenntnis der traditionsgeschichtlichen Herkunft mußte diese Metapher dem Leser freilich unverständlich bis zur Abstrusität erscheinen[46], und so hat sie denn auch nur Schelling ernsthaft beachtet.

Schleiermachers *Weihnachtsfeier* schildert das Ideal einer gebildeten christlichen Gesellschaft, die sich neben dem traditionellen Austausch von Geschenken und dem Gesang der *Geistlichen Lieder* des Novalis besonders durch das "gebildete" Gespräch konstituiert[47]. Aus diesem Gespräch erwachsen drei von Frauen gestaltete Weihnachtserzählungen und drei von Männern gehaltene philosophisch-theologische Reden über den Grund der Festfreude. In der dritten Rede, die am ehesten spekulativ durchgeformt ist, spricht Eduard, ausgehend von der Logos-Christologie des Johannes-Evangeliums, von der Menschwerdung Christi. Die menschliche Natur, die

---

43. F.D.E. Schleiermacher, *Dialektik (1811)*, hg.v. A. Arndt, Hamburg 1986. Auf die profunde Einleitung von Arndt kann ich hier nur verweisen. Vgl. auch G. Scholtz, *Die Philosophie Schleiermachers*, Darmstadt 1984, S. 104-127.
44. Vgl. den wichtigen Brief an Karl Gustav von Brinkman vom 14. Dez. 1803, in dem Schleiermacher – während der rezensierenden Auseinandersetzung mit Schelling – seinen philosophischen Ansatz erläutert (*Briefe* 4,86-95).
45. *Brouillon*, S. 99.
46. Vgl. H. Patsch, *Die zeitgenössische Rezeption der "Weihnachtsfeier"*, in *Internationaler Schleiermacher-Kongreß Berlin 1984*, hg.v. K.-V. Selge, Berlin/New York 1985, S. 1215-1228. In der wissenschaftlichen Schleiermacher-Literatur ist der "Erdgeist" zwar gesehen und gedeutet, auch angemessen gewürdigt worden (z.B. bei G. Scholtz, *Schleiermachers Musikphilosophie*, Göttingen 1981, S. 42f), aber nicht traditionsgeschichtlich untersucht.
47. Vgl. *Versuch einer Theorie des geselligen Betragens* (1799), KGA I/2,163-184, und – als Vorbild – das *Gespräch über die Poesie* von F. Schlegel ("Athenaeum", Bd. 3., Berlin 1800). Vgl. H. Patsch, "Die esoterische Kommunikationsstruktur der *Weihnachtsfeier*", in *Schleiermacher in Context*, ed. R.D. Richardson, Lewiston 1991,132-156.

der Logos annimmt, erklärt der Redner mit Hilfe der "Erdgeist"-Metapher: "Was ist der Mensch an sich anders, als der Erdgeist selbst, das Erkennen der Erde in seinem ewigen Sein und in seinem immer wechselnden Werden"[48]. Hier wird offenbar der "Erdgeist" als das angesehen, was den "Menschen an sich", die "Menschheit", im Gegensatz zum Einzelnen ausmacht. Während der Einzelne durch Werden und Vergehen charakterisiert ist, als "endliche beschränkte sinnliche Natur"[49], und insofern der Erlösung bedürftig, ist der "Mensch an sich" dem ewigen Sein zugehörig, ist ewig in der "Einerleiheit des Seins und Werdens"[50]. Der Einzelne kann dieses Bewußtsein der Ewigkeit nur in einer Gemeinschaft leben, durch die der "Mensch an sich" dargestellt bzw. wiederhergestellt wird: in der Kirche. Darum kann Schleiermacher die Kirche mit dem "Selbstbewußtsein der Menschheit" vergleichen[51], also mit dem, was er sonst "Erdgeist" nennt. Christus als Gründer der Kirche muß dann – im Unterschied zu jedem Einzelnen, der den "Menschen an sich" nur in der Kirche verlebendigen kann – bereits als "Mensch an sich", als "Gottmensch" geboren sein, der das Selbstbewußtsein der Menschheit ursprünglich in sich trug, als "Menschensohn schlechthin"[52]. So versteht sich der zusammenfassende Satz: "In Christo sehen wir also den Erdgeist zum Selbstbewußtsein in dem Einzelnen sich ursprünglich gestalten"[53]. In der historischen Gestalt Jesu von Nazareth ist vom Ursprung her enthalten, was sonst nur über die Menschheit als ganze ausgesagt werden kann und wozu der Einzelne mit Hilfe der von Jesus initiierten Kirche gelangen soll: in sich die Menschheit, den "Menschen an sich", also den "Erdgeist" zu repräsentieren.

Es ist wohl deutlich, wie Schleiermacher hier versucht, das christologische Dogma (vere homo / vere deus) ebenso festzuhalten wie den anthropologischen Zusammenhang zwischen Erlöser und zu Erlösendem. Im Kontext einer Sein-Wesen-Metaphysik dient ihm die philosophische Metapher des "Erdgeistes", die Individualität des Einzelnen mit den ihn umgreifenden Strukturen zu vermitteln, hier soziologisch mit der Kirche, anthropologisch mit dem allgemeinen Wesen des Menschen. Ob der Begriff dazu wirklich fähig ist, auch auf dem Hintergrund der damaligen Theologie und Philosophie, darf man fragen. In dem eigenen dogmatischen Entwurf,

---

48. *Die Weihnachtsfeier. Ein Gespräch*, Halle 1806, S. 126f.
49. Ibid., 125.
50. Ibid., 127.
51. Ibid., 128.
52. Ibid., 129f.
53. Ibid., 130.

Der "Erdgeist" als philosophischer Topos

der sich hier in der Tat ankündigt, hat Schleiermacher auf die Terminologie der *Weihnachtsfeier*, also auch auf den "Erdgeist", verzichtet[54].

4. Es mag sein, daß dieser Verzicht mitbestimmt wurde durch die Rezension, die Schelling der *Weihnachtsfeier* in der *Jenaischen Allgemeinen Literatur-Zeitung* 1807 widmete und in der dieser den Gedanken des "Erdgeistes" ganz gegen die theologischen Folgerungen Schleiermachers weiterentwickelte[55]. Schellings umfängliche, freundlich-kritische Rezension geht auch auf die Rede Eduards ein und damit auf die metaphorische Rede vom "Erdgeist". Hier schlägt Schelling ironisch-anspielend gleich zu Anfang die Schleiermacher selbst nicht bewußte Brücke zu Goethe: "Tiefer dringt nun der Gedanke und mystisch, wie er selbst zuvor uns ankündigt, aber zugleich in die Freiheit einer allgemeineren Anschauung den Gegenstand des Festes hinausrückend, ja den *Menschen an sich* mit dem Erdgeist befreundend, tritt die letzte Rede, Eduards, hervor, so daß, indem er dies Blatt aufschlägt, auch hier einer, wie Faust, freudig sprechen möchte: Du, Geist der Erde, bist mir näher – bald aber und nachdem sich die Erscheinung auf eine fast magische Weise umgestaltet und zusammengezogen, mit abgewendetem Gesicht wie jener ausrufen: Weh ich ertrag dich nicht!"[56].

Was mißfällt Faust = Schelling auch nach mehrmaligem Lesen? Die Leichtigkeit und Behendigkeit, mit der "der Geist, dem zuvor die Erde der Tempel und Leib, alles was lebt (,), Organ war, in den engen Mauern und dumpfen Hallen der Kirche sich zusammenzieht" – also die ekklesiologische Ausbeutung der "Erdgeist"-Spekulation. Hier sei, sagt Schelling spöttisch, "gewiß ein Geist" erschienen, "wenn auch nicht der Erdgeist". Das "Menschenwerk" Kirche könne nicht mit dem "Werk des Erdgeistes" in Beziehung gesetzt werden, ohne daß Schleiermacher mit seinen eigenen Äußerungen in Widerspruch gerate: "Denn es soll der Erdgeist auch im Einzelnen als das An-sich der Menschheit werden oder sich erkennen: wie aber wäre dieß möglich außer durch Zurückführung des allgemeinen Bewußtseyns der Menschheit auf das, was sie in That und Wahrheit von Ewigkeit schon ist; ich meine auf die vollkommene Freyheit und Einigkeit

---

54. In den Werken nach 1806 gibt es den Begriff nicht mehr. In der zweiten Ausgabe der *Weihnachtsfeier* (Berlin 1826) sind die zweite und dritte "Erdgeist"-Stelle verändert: in Geist, "wie er sich auf diesem Weltkörper offenbaren kann" (S. 140) bzw. "Geist nach Art und Weise unserer Erde" (S. 143).

55. *Jenaische Allgemeine Literatur-Zeitung*, (1807), Sp. 458-467 (SW I/7, 1860, S. 498-510). Schelling hatte sich zu dieser Rezension selbst angeboten.

56. Sp. 463 (I/7,506). Dort auch das folgende Zitat.

des Daseyns in welcher keine Schranke ist, keine Ausschließung und somit auch keine Kirche"[57].

Mit der Zurückschneidung der "Erdgeist"-Spekulation auf die identitätsphilosophische Position, wie sie in den *Vorlesungen über die Methode des akademischen Studiums* vorausgesetzt war, ist freilich Schleiermachers Möglichkeit zur Entwicklung einer Ethik und – theologisch – einer Soteriologie bestritten. Der Schellingsche "Erdgeist" vermittelt sich nicht in den Superstrukturen menschlicher Vergesellschaftung, in denen freies menschliches Handeln gelingt oder mißlingt, sondern ist abstrahierende Metapher für das allem menschlichen Einzeldenken vorausliegende "Urwissen", von dem man nicht recht sieht, wie es mit dem irrenden und nach Wahrheit strebenden Individuum zusammengebracht werden soll. Schleiermachers Einwände in der *Vorlesungs*-Rezension müßten erneut zum Tragen gebracht werden.

An die Stelle der Kirche als einer partikularen Einrichtung, letztlich einer ecclesia oppressa, stellt Schelling die "öffentliche, allgemeine, im Geist und Herzen eines Volkes lebende Religion"[58], d.h. die überkonfessionelle Volksreligion, deren Band die "Liebe" sei. An dieser Stelle argumentiert Schelling noch einmal abschließend – und, soweit ich sehe, letztmalig in seinem philosophischen Werk – mit dem "Erdgeist": "Ist es aber der Erdgeist, oder *der allgemeine, ihnen unbewußte Geist der Dinge*, der sich durch die Menschheit offenbar werden soll: so muß diese bewußte Gemeinschaft, welche sich in der öffentlichen Religion ausdrückt, die Menschen eben so frey vereinigen, wie jene ursprüngliche des Universums die Dinge vereinigte, so daß keine Eigenheit durch die des anderen unterdrückt wird, kein innerstes Gefühl gegen das des anderen sich zu sträuben hat, welches das Grundgebrechen eurer Kirche ist"[59]. Deutlich ist noch einmal gesagt, daß Schelling den "Erdgeist" als das dem allem manifesten Wissen Zugrundeliegende, als den allem Einzelwissen vorausseienden allgemeinen "unbewußten Geist der Dinge" begreift. Es mag verwundern, wie Schleiermacher nach der Lektüre dieser Rezension meinen konnte, er könne sich mit dem (anonymen) Rezensenten über das, was er für "Mißverstand" hält, "sehr leicht ... einigen"[60].

5. Es klingt wie der Nachklapp auf diese Debatte zwischen Schelling und Schleiermacher, wenn Georg Wilh. Friedr. Hegel in seiner *Phänomenologie*

---

57. Sp. 464 (508).
58. Sp. 465 (509).
59. Sp. 466 (509).
60. Brief an Brinkman vom 1. März 1808 (*Briefe* 4,151).

Der "Erdgeist" als philosophischer Topos

des Geistes von 1807 unter der Überschrift "Die Verwirklichung des vernünftigen Selbstbewußtseyns durch sich selbst" von dem Selbstbewußtsein, das in seinem Fürsichsein verharrt, sagt, es sei in dieses "statt des himmlisch scheinenden Geistes der Allgemeinheit des Wissens und Thuns, worin die Empfindung und der Genuß der Einzelnheit schweigt, der Erdgeist gefahren, dem das Seyn nur, welches die Wirklichkeit des einzelnen Bewußtseyns ist, als die wahre Wirklichkeit gilt"[61].
Auffällig ist auch hier der wie selbstverständliche Gebrauch des Topos. Hierbei ist der "Erdgeist", sichtlich weniger als bei Schelling und anders als bei Schleiermacher, lediglich das Bewußtsein des Einzelnen als eines Erdbewohners, der auf "Lust" ausgeht und Selbstverwirklichung in "Genuß" und "Begierde" sucht. Nicht zufällig ist es – und man darf den Spott dabei nicht überlesen –, wenn Hegel seinen diesbezüglichen Wortschatz von Goethe gewinnt, zur Erläuterung frei aus dem *Faust*-Fragment von 1790 zitiert und auf den Faust verweist, der sich ins "wilde Leben" stürzen und darin zugrundegehen müsse. Hier gleicht der "Erdgeist" dem enthüllend von Mephistopheles selbst so genannten "Lügengeist".

Ebenso beiläufig kommt der Topos ein zweites Mal in der *Phänomenologie* vor, und zwar innerhalb der Religionsphilosophie im Abschnitt "Die Kunstreligion" im mittleren Kapitel "Das lebendige Kunstwerk". Nachdem Hegel die religiöse Plastik, Hymnus und Kultus als die Stufe des "abstrakten Kunstwerks" beschrieben hatte, deutet er die religiösen Sakramente – die "Mysterien" der Griechen und des christlichen Abendmahls zusammensehend – als die Stufe der "Nützlichkeit, gegessen und getrunken werden zu können": "... sie ist darin die Möglichkeit einer höhern Existenz, und berührt das geistige Daseyn; – theils zur stillkräftigen Substanz, theils aber zur geistigen Gärung, ist der Erdgeist in seiner Metamorphose dort zum weiblichen Principe der Ernährung, hier zum männlichen Principe der sich treibenden Kraft des selbstbewußten Daseyns gediehen"[62].

Auch hier ist der "Erdgeist" Topos für ein Durchgangsphänomen, in dem das Selbst mit seinem Wesen noch nicht geeint, in dem nur der unmittelbare Geist, der Geist der Natur, nicht aber der Geist als selbstbewußter Geist offenbar ist. Neben der Aufspaltung des "Erdgeistes" in ein männliches und weibliches Prinzip ist auffällig auch hier, daß das synsemantische Wortfeld mit den Begriffen "Genuß" und "Begierde" subtil auf Goethes *Faust* anspielt.

---

61. G.W.F. Hegel, System der Wissenschaft. Erster Theil, die *Phänomenologie des Geistes*, Bamberg/Würzburg 1807, S. 298 (hg.v. J. Hoffmeister, Hamburg 1952, S. 262).
62. Ibid., S. 671 bzw. 503. Ich verdanke den Hinweis Günter Meckenstock.

6. Ich darf resümieren. Friedrich Schlegel knüpft bei dem Gebrauch der "Erdgeist"-Metapher an die naturmythologische Elementargeister-Lehre an und gewinnt so einen zentralen Begriff einer Naturphilosophie, und zwar dergemäß, daß der Erdgeist als das anregende, dem Menschen die Sprache übermittelnde Wesen die Vernünftigkeit bewirkt, also Ursache der Humanität ist. An dieser Stelle wird der Erdgeist zur religionsphilosophischen Metapher weiterentwickelt, ohne daß freilich die naturphilosophische Basis verlassen ist (und das unterscheidet Schlegel von Schleiermacher!): der Erdgeist ist – entsprechend der Logos-Christologie – präexistenter Schöpfer der Ideen, ist Christus.

Für Schleiermacher ist der Erdgeist ein Topos der Kultur- und Sozialphilosophie und erst als solcher von theologischer Relevanz. Der Erdgeist ist abstrahierender Begriff der praktischen Philosophie und beschreibt eine überindividuelle Entität, die Einheit der Menschheit an sich, in der das einzelne Individuum als freies sich einbringt. Der Erdgeist stellt die letzte organische Stufe der allen Menschen und ihren sozialen Organisationsformen gemeinsamen und sie umfassenden Kultur dar. Diesen *Menschen an sich* repräsentiert Christus, der also keineswegs – wie bei Schlegel – der Erdgeist selbst ist, als mythologische Figur, sondern der, der durch die Kirche den Einzelnen zum vollen Sinn des Menschseins führt.

Bei Schelling ist der Erdgeist ein erkenntnistheoretischer Topos, ist abstrahierende Denkfigur für das allem menschlichen Denken vorausliegende "Urwissen", das sich – dieser unbewußt – in der Menschheit offenbart.

Hegel schließlich spottet, ohne daß man sieht gegen wen – denn die sich in den Rezensionen abspielende Debatte kann er schwerlich gekannt haben, und die kurzen Notizen in der *Weihnachtsfeier* haben ihn mit Sicherheit nicht erreicht. Für ihn jedenfalls ist der Erdgeist Bild für das selbstsüchtige Wesen des Einzelmenschen, dem man – mit Goethe – nur den Untergang wünschen kann.

Hegels Wort scheint das letzte ernsthafte Beispiel einer Anwendung des "Erdgeistes" als eines philosophischen Topos zu sein. Das Erscheinen von Goethes *Faust I* 1808 hat offenbar der Philosophie diese ursprünglich pansophische Chiffre wieder entrungen und der Poesie zurückgewonnen.

SCHLEIERMACHER UND DIE HISTORISCHE RECHTSSCHULE

Gunter Scholtz – Bochum

1. Einleitende Bemerkungen

a) Die historische Rechtsschule ist bis heute ebenso berühmt wie umstritten. Sie gilt einerseits als die wirkungsreichste Leistung deutscher Rechtsgelehrsamkeit, die die Erforschung der Rechtsgeschichte und die Gesetzeskodifikationen auch im Ausland – bis hin nach Japan – maßgeblich beeinflußt und mitbestimmt hat. Andererseits aber wird der Historischen Schule vorgeworfen, sie habe ein reines Juristenrecht ohne soziale Verantwortung hervorgebracht und sei die Wegbereiterin eines bedenklichen Gesetzespositivismus und eines ethischen Relativismus gewesen[1]. Schon im 19. Jahrhundert wurde sie mit dem damals noch neuen kritischen Begriff des Historismus belegt[2]. Die Frage, ob jemand der historischen Schule zugehört, führt deshalb immer auch zur Frage, ob und inwieweit er die Probleme dieser Schule teilt.

b) Schleiermacher wird mit der historischen Schule oft in einen engen Zusammenhang gebracht. Dilthey schon nannte ihn ja einen ihrer "Pfadfinder", und für Meinecke war er der Mitbegründer des Historismus[3]. Insbesondere hat man große Übereinstimmungen zwischen den Anschauungen Schleiermachers und Savignys, des führenden Kopfes jener Schule, entdeckt. Savignys Frömmigkeit, so heißt es bei Eric Wolf, habe Christlichkeit mit Humanität verbunden und sei dem Schleiermacherschen Christentum sehr ähnlich gewesen, ja sei von Schleiermachers Predigten wahrscheinlich mitgeprägt[4]. Schleiermacher wie Savigny, lesen wir bei Gadamer, hätten beide in ihren hermeneutischen Theorien den Abstand zwischen Vergangenheit und Gegenwart, zwischen ursprünglichem und gegenwärtigem Sinn der

---

1. F. Wieacker, *Wandlungen im Bilde der historischen Rechtsschule*, Karlsruhe 1967.
2. H.M. Chalybäus, *System der speculativen Ethik, oder Philosophie der Familie, des Staates und der religiösen Sitten*, 2 Bde., Leipzig 1850, Bd.1, S. 7, Bd. 2, S.42.
3. W. Dilthey, *F.D.E. Schleiermacher*, in Gesammelte Schriften, Bd.4, Leipzig/Berlin 1921, S. 398. F. Meinecke, *Zur Entstehungsgeschichte des Historismus und des Schleiermacherschen Individualitätsgedankens*, in Werke, Bd. 4, Stuttgart 1959, S. 341-357.
4. E. Wolf, *Große Rechtsdenker der deutschen Geistesgeschichte*, 4. Aufl., Tübingen 1963, S. 478, 499, 526.

Überlieferung ignoriert und die problematische Trennung von historischer Hermeneutik und Dogmatik eingeleitet[5]. Auch viele biographische Zeugnisse sprechen für eine große Nähe, für eine geistige Verwandtschaft zwischen Schleiermacher und Savigny. Sie standen in freundschaftlichem Verkehr miteinander und wirkten in vielen Bereichen zusammen. 1812 arbeiten sie – gemeinsam mit Boeckh – die Satzung der Berliner Universität aus[6]. 1813 sind sie beide im Zusammenhang der Napoleonischen Kriege im Landsturm engagiert, Savigny als rechter, Schleiermacher als linker Flügelmann derselben Kompanie[7]. 1814 sind sie – mit Ancillon – die einzigen Mitglieder der philosophischen Klasse der Berliner Akademie[8]. 1819 werden sie – mit Gneisenau und Grolmann – von seiten des königlichen Hofes als "Hauptumtriebler", als politische Opponenten verdächtigt (Schleiermacher allerdings sei der schlimmste)[9]. Beide gelten als Häupter einer akademischen Gegenpartei gegen Hegel und die Hegelianer (1827)[10]. So bietet es sich an, hier nicht nur eine persönliche Freundschaft, sondern große sachliche Übereinstimmungen zwischen beiden zu vermuten. Gleichwohl steht Schleiermacher – dies ist meine These – in der entscheidenden Frage nach der Rechtsbegründung Hegel viel näher als Savigny.

c) Günter Holstein hat zwar bei Schleiermacher das typisch "organische Denken" der historischen Schule entdeckt, aber ein Vergleich des Rechtsdenkens von Schleiermacher und Savigny wurde von ihm – und m.W. auch von anderen – nicht durchgeführt[11]. Ein solcher Vergleich hat auch seine Schwierigkeiten. Denn der Theologe und Philosoph Schleiermacher interessierte sich vornehmlich für Staatsrecht und Staatsphilosophie, der Jurist Savigny aber ausschließlich für das Zivilrecht. Aber beide berührten jeweils auch das Interessengebiet des anderen, und beide waren Rechtsdenker in derselben geschichtlichen Situation, in der Zeit der allgemeinen Abwendung vom Naturrecht der Aufklärung. Zu diesem Strukturwandel deshalb eine Grobskizze vorweg.

---

5. H.-G. Gadamer, *Wahrheit und Methode*, 4. Aufl., Tübingen 1975, S. 309, 308, vgl. 175.
6. A. Stoll, *Friedrich Karl von Savigny. Professorenjahre in Berlin, 1813-1842*, Berlin 1929, S. 22.
7. Ibid., S. 24f.
8. Ibid., S. 171.
9. Ibid., S. 179f.
10. Ibid., S. 328.
11. G. Holstein, *Die Staatsphilosophie Schleiermachers*, Bonn/Leipzig 1923, (Repr. Aalen 1972).

2. Das Ende des Naturrechts und die historische Rechtsschule

a) Mit dem Übergang vom 18., dem "philosophischen Jahrhundert", zum 19. Jahrhundert, dem "historischen", vollzieht sich auch ein grundlegender Wandel des Rechtsdenkens: Die Naturrechtstradition weicht der geschichtlichen Rechtsbetrachtung. Der Grund für das Ende des Naturrechts ist eine neue Blickweise: Man entdeckt eine verhängnisvolle Kluft zwischen naturrechtlicher Theorie und Wirklichkeit. Und diese Kluft wird jetzt als Mangel der Theorie, nicht als Mangel der Wirklichkeit wahrgenommen. Angesichts des neuen "Empirisierungszwanges"[12], angesichts des neuen empirischen Wirklichkeitsbewußtseins in den Geisteswissenschaften, erscheinen die alten naturrechtlichen Vorstellungen vom Gesellschaftsvertrag und vom Naturzustand als reine Fiktionen, genauso wie die Annahme von anthropologischen Konstanten. Und wo das Naturrecht – als Vernunftrecht und Vernunftmoral – die Wirklichkeit zu ändern beanspruchte, dort schien es jetzt – wegen seiner Wirklichkeitsfremdheit – nicht die Vervollkommnung des Menschen und der Gesellschaft, sondern deren Beschädigung und Vergewaltigung zu bringen. So hatte die Französische Revolution die Gesellschaft offensichtlich nicht freier und brüderlicher gemacht, sondern nur ein Blutbad angerichtet und schließlich wieder einen Kaiser gekrönt. Und in ähnlicher Weise hatten auch die Moralphilosophien Kants und Fichtes den Menschen nicht durchgehend befreit, sondern seine individuelle Natur durch allgemeine Gesetze geknechtet und unterdrückt; der Mensch schien durch sie in den Zwiespalt zwischen Pflicht und Neigung, Vernunft und Sinnlichkeit geraten und so nicht vollkommen, sondern erst recht unversöhnt mit sich selbst geworden zu sein. Das Naturrecht in seiner letzten und strengsten Gestalt, das Naturrecht als Vernunftrecht und Vernunftmoral, war so für die jüngere Generation obsolet geworden: Es galt durch das historische Wissen als theoretisch widerlegt und durch individuelle und gesellschaftliche Erfahrungen als praktisch blamiert. Auch und gerade die demokratisch und liberal gesonnenen Bildungsbürger Deutschlands wendeten sich am Beginn des 19. Jahrhunderts oft vom Naturrecht ab. Denn wo man in der deutschen Rechtswirklichkeit dem Einfluß des Naturrechts begegnete, dort war dies ein Werk des Absolutismus (wie im Preußischen Allgemeinen Landrecht) oder ein Werk der Napoleonischen Fremdherrschaft (wie im Code civil). Noch 1804 hatte z.B. der Staatsrechtler Theodor Schmalz mit dem naturrechtlichen Modell des Unterwerfungsvertrages den

---

12. W. Lepenies, *Das Ende der Naturgeschichte. Wandel kultureller Selbstverständlichkeiten in den Wissenschaften des 18. und 19. Jahrhunderts*, Frankfurt/Main 1978, S. 16ff.

Absolutismus gerechtfertigt[13]. So werden um 1800 mit dem Naturrecht keineswegs mehr immer Freiheit, Gleichheit und Brüderlichkeit assoziiert, sondern sehr häufig jetzt revolutionäre Anarchie, Absolutismus, Fremdherrschaft und Gleichmacherei. Jetzt, nach der Revolution, verspottet Gustav Hugo, in dem man den Begründer der historischen Rechtsschule sieht, das Naturrecht als das "natürliche Totschlagungsrecht", da es nicht durch staatliche Macht gestützt und durchgesetzt wird[14]. Später bestätigt z.B. F.Ch. Dahlmann diese Beliebigkeit des angeblich notwendigen Naturrechts: In der Französischen Revolution wurden aus reiner Vernunft naturrechtliche Verfassungen gegeben, die nach wenigen Tagen wieder vergessen wurden[15]. Dadurch vollzieht sich ein folgenreicher Strukturwandel der Rechtstheorie: Die Aufklärung hatte die historisch gegebenen Rechtssysteme für Produkte der Willkür und des Zufalls erklärt und ihnen das von der Vernunft gebotene und vernunftnotwendige Naturrecht gegenübergestellt. Aber nun, da gerade das Naturrecht sich als Produkt der Willkür zu entlarven scheint, stellt man diesem das durch Tradition eingeübte, geschichtlich gewachsene positive Recht als das wahre, gerechte Recht entgegen. Das ist die Geburtsstunde der historischen Rechtsschule; sie ist es, die gegen die Aufklärung die Berufung auf das geschichtliche Recht nachdrücklich zur Geltung bringt und damit den Umschwung des Rechtsdenkens in Deutschland durchsetzt[16].

b) Die Doktrinen Savignys, die dieser in den Jahren 1814/15 programmatisch formuliert[17], sind Punkt für Punkt als Gegenpositionen gegen das Naturrecht der Aufklärung zu lesen; die "geschichtliche Schule", wie Savigny sie selbst nennt, profiliert sich in der Absetzung von der "ungeschichtlichen" der Aufklärung. Savignys Blickweise ist kurz gefaßt diese: Nicht das von der

---

13. T. Schmalz, *Das Recht der Natur. Das natürliche Staatsrecht*, 2. Aufl., Königsberg 1804, §§ 67ff.

14. G. Hugo, *Naturrecht, als eine Philosophie des positiven Rechts, besonders des Privatrechts*, 2. Aufl., Berlin 1799, S. 21. Siehe dazu H. Weber, *Gustav Hugo. Vom Naturrecht zur historischen Schule*, Göttingen 1935, S. 36f. E. Landsberg, *Geschichte der Deutschen Rechtswissenschaft*, 3. Abt. 2. Halbd., München/Berlin 1910, bes. S. 20ff.

15. F.C. Dahlmann, *Ein Wort über Verfassung*, in *Kieler Blätter*, Bd. 1, Kiel 1815, S. 47-84, 245-303, siehe S. 299f.

16. Deshalb konnte man bei Savigny von einem "Paradigmenwechsel" in der Rechtstheorie sprechen. Bei H. Coing, *Savigny und die deutsche Privatrechtswissenschaft*, in *Jus commune VIII* (Vorträge zum 200. Geburtstag von F.C. von Savigny, hg. von H. Coing), Frankfurt/Main 1979, S. 9-23.

17. Siehe zum folgenden C.F. von Savigny, *Vom Beruf unserer Zeit für Gesetzgebung und Rechtswissenschaft*, Heidelberg 1814. ID., *Über den Zweck dieser Zeitschrift*, in *Zeitschr. f. gesch. Rechtswissenschaft*, 1 (1815), S. 1-12. Diese Texte in H. Hattenhauer (Hg.), *Thibaut und Savigny. Ihre programmatischen Schriften*, München 1973. Nach dieser Ausgabe wird im folgenden zitiert.

Vernunft erdachte Recht ist wirkliches und verbindliches Recht, sondern das in der Geschichte gegebene. Das sog. Naturrecht ist gemacht und gesetzt, das positive Recht aber ist gewachsen und geworden. Jenes ist Produkt bloßer Willkür, dieses aber geht notwendig aus "stillwirkenden Kräften" des Volkes hervor. Jenes behauptet, statisch und ewig zu sein, dieses aber, das geschichtliche Recht, ist in steter Entwicklung begriffen. Jenes beansprucht Allgemeingültigkeit für alle Nationen, ist jedoch nur ein abgeschliffenes Spätprodukt einer bestimmten historischen Rechtsentwicklung. Das geschichtliche Recht aber ist so individuell wie Sprache, Sitte und Kultur überhaupt. Das Naturrecht geht aus der Vernunft hervor, das geschichtliche Recht ist "höher als wir", höher als die Vernunft. Jenes ist abstrakt und inhaltsarm, dieses aber konkret und reich an Rechtsmaterie. Die Jurisprudenz konstituiert sich bei Savigny so nicht mehr als Anwältin der von der Vernunft geforderten Gerechtigkeit, sondern als Verwalterin von vorgegebenem Rechtsstoff. Sie wird zur geschichtlichen Wissenschaft, zur Wissenschaft von geschichtlich gegebenen Inhalten. An die Stelle des Gesellschaftsvertrages tritt jetzt die dem Recht historisch vorangehende Sitte; an die Stelle der fiktiven *volonté générale* tritt der wirkliche Gemeinwille, der sich im Recht artikuliert; an die Stelle des Naturrechts tritt das "natürliche Recht", das "Volksrecht", das Gewohnheitsrecht. Dergestalt wird gegen das Vernunftrecht der Aufklärung die Rechtstradition ins Feld geführt. Und von den Staats- und Rechtsphilosophen der Aufklärung findet nur Montesquieu noch einige Anerkennung.

3. Staat und Recht

a) Es steht außer Zweifel, daß Schleiermachers Staats- und Rechtsdenken[18] mit der historischen Schule verwandte Züge trägt und in ähnlicher Opposition gegen die Aufklärung steht. Auch für Schleiermacher soll es nicht mehr Aufgabe der Staatsphilosophie sein, ein "allgemeingeltendes Musterbild", ein normatives Staatsideal zu entwerfen[19]. Vielmehr sei es analog zu den Naturwissenschaften ihre Aufgabe, "das wirklich Vorhandene in seinen natürlichen Ähnlichkeiten und Verschiedenheiten aufzufassen" und "genetisch" die gegebenen Staaten zu begreifen[20]. Wie bei Savigny das

---

18. Ich beziehe mich im folgenden vor allem auf Schleiermachers Akademieabhandlung *Über die Begriffe der verschiedenen Staatsformen* (1814). *Sämmtliche Werke* III/2, Berlin 1838, S. 246-286 (im folgenden abgekürzt: SF) sowie auf Schleiermachers Vorlesung *Die Staatslehre*, hg. von Ch.A. Brandis, SW III/8, Berlin 1845 (im folgenden abgekürzt: SL).
19. SF 248, SL 1.
20. SF 250, 259.

Recht, so ist bei Schleiermacher der Staat nichts, "was der Mensch *macht*", sondern "was durch die menschliche Natur *wird*"[21]. Der Staat sei ein "in bewußtloser Nothwendigkeit gebildetes Werk des Menschen" und deshalb ein "geschichtliches Naturgebilde"[22]. Böckenfördes Bemerkung, der Historismus interpretiere die Rechts- und Staatsgeschichte als Naturprozeß, trifft also sowohl für Savigny wie für Schleiermacher zu[23]. Mit Savigny lehnt auch Schleiermacher den Gesellschaftsvertrag als Grundlage des Staates ab und verweist auf die historisch vorgegebene Sitte als Boden des Rechts[24]. Wie Savigny kritisiert auch Schleiermacher die Vorstellung von einförmigen Staaten mit völlig gleicher Verfassung und gleichem Recht[25]. Auch beider Staatsbegriff ist auf den ersten Blick ähnlich, sie definieren beide den Staat im Verhältnis zum Volk. Laut Savigny ist der Staat die "leibliche Gestalt der geistigen Volksgemeinschaft"[26]; und Schleiermacher nennt den Staat die "Form des Volkes", das Volk "den Stoff gleichsam des Staates"[27]. Freilich, in Schleiermachers Staatsbegriff stecken philosophische Implikationen, die sogleich zu entfalten sind; aber es ist deutlich, daß er in gleicher Weise wie Savigny gegen das naturrechtliche Denken der Aufklärung Front nimmt und sich der wirklichen Geschichte zuwendet.

b) Hegel hat in seiner Rechtsphilosophie der historischen Schule vorgeworfen, sie führe das Recht auf äußerliche, zufällige Umstände zurück, setze das "Relative an die Stelle des Absoluten", affirmiere das Recht, nur weil es eben als Recht gegeben sei, könne aber die Vernünftigkeit des Rechts nicht begreifen[28]. Man kann sagen, daß bereits Hegel in der historischen Schule einen bedenklichen Relativismus und Positivismus erkennt.

Auch Hegels Rechtsdenken steht im Zeichen der Erfahrung des radikalen Geschichtswandels, des Umsturzes der Rechtsverhältnisse in der Französischen Revolution und des Endes der Naturrechtstradition. Deshalb muß auch Hegel in seinem Rechtsdenken der Geschichte Rechnung tragen. Aber er tut es in anderer Weise als die historische Schule, denn er hält den Anspruch der Aufklärung fest, das Recht als vernünftig zu begreifen. Wenn

---

21. SF 248. Ähnlich Dahlmann siehe Anm. 15.
22. SF 247, 248.
23. E.-W. Böckenförde, *Die Historische Rechtsschule und das Problem der Geschichtlichkeit des Rechts*, in *Collegium Philosophicum. Studien Joachim Ritter zum 60. Geburtstag*, Basel/Stuttgart 1965, S. 9-36.
24. Savigny, *System des heutigen Römischen Rechts*, Bd. 1, Berlin 1840, S. 29. SF 259ff, SL 9.
25. SF 249.
26. Savigny, *System*, S. 22.
27. SF 260.
28. G.W.F. Hegel, *Grundlinien der Philosophie des Rechts* (1821), § 3, *Theorie Werkausgabe*, Bd. 7, Frankfurt/Main 1980, S. 36.

sich zeigt, daß alle Rechtsverhältnisse und alles Rechtsdenken dem geschichtlichen Wandel unterliegen und wenn gleichwohl das Recht als gerecht und vernünftig soll erkannt werden, dann bleibt nur eins: jener Wandel muß als vernünftig erwiesen werden. Eben dies tut Hegel. Er führt vor Augen, daß die im Begriff des Rechts liegenden Momente, die spekulativ entfaltet werden können und müssen, sich auch in der Rechtsgeschichte manifestiert haben; daß also gedankliche und geschichtliche Entwicklung konvergieren. – Die Basis für die Legitimation des Rechts ist nun nicht mehr die Idee eines Gesellschaftsvertrages, sondern eine Entwicklungslogik, die die Gestaltungen des Rechts als fortschreitende Manifestation der Freiheit darlegt. Das geschichtlich gegebene Recht ist jetzt nicht mehr Recht, bloß weil es faktisch existiert und als eingeübte Tradition gelebt wird, sondern weil es als vernünftig und als Dasein der Freiheit begriffen werden kann.

Hegel hat diesen Gedanken erstmals 1817 in seiner Enzyklopädie systematisch vorgetragen[29]. Eine ganz ähnliche Konzeption aber findet sich schon vorher bei Schleiermacher. Denn auch dieser führt nicht das Recht und die Verfassung der Staaten nur auf äußerliche, zufällige Determinanten zurück, auch nicht auf die Individualität von Volksgeistern (wenngleich er die "Volkstümlichkeit" des Rechts, d.h. seinen individuellen Charakter in jeder Nation, ausdrücklich hervorhebt). Sondern Schleiermacher entwirft – ähnlich wie Hegel – eine Entwicklungslogik des Rechts, und zwar des Staatsrechts, und erweist die tradierten Verfassungsformen (Demokratie, Aristokratie und Monarchie) als "verschiedene Entwicklungsstufen der politischen Idee"[30]. Es ist der Begriff des Staates, es ist die politische Idee, die sich aufgrund ihres eigenen Gesetzes in der Geschichte realisiert. Auch bei Schleiermacher ist diese Konzeption, die die begriffliche Entwicklung mit der geschichtlichen parallelisiert, eine Anwendung seiner Dialektik; einer Dialektik, die die Spannung und Vermittlung der Gegensätze zum Inhalt hat. (Ich skizziere kurz Schleiermachers Gedanken, wie er ihn besonders deutlich in seiner Akademieabhandlung *Über die Begriffe der verschiedenen Staatsformen* von 1814 vorgetragen hat.)

Mit dem Staat und erst im Staat – so wird hier deutlich gemacht – gibt es einerseits "das Bewußtsein der Zusammengehörigkeit" und andererseits "das Bewußtsein des Fürsichbestehens jedes Einzelnen"[31]. Und nur, wo beide Seiten ausgebildet sind, dürfen wir von einem Staat sprechen. Unterdrückt das Gesamtbewußtsein, der gemeinsame Wille, das Fürsichbestehen

---

29. Hegel, *Encyclopädie der philosophischen Wissenschaften im Grundrisse*, Heidelberg 1817, S. 259-278.
30. SF 286.
31. SF 261.

der Einzelnen, den Einzelwillen, dann gibt es noch keinen Staat, oder er ist zugrunde gegangen. Und ebenso umgekehrt: Der Staat hat sich aufgelöst, wenn es kein Bewußtsein der Zusammengehörigkeit, wenn es kein Wir-Bewußtsein mehr, sondern nur noch für sich bestehende egoistische Individuen gibt. Mythische Gesellschaften ebenso wie totalitäre Regime und Despotien sind diesem Gedanken zufolge keine wirklichen Staaten, da sie nicht das "Fürsichbestehen jedes Einzelnen", keinen individuellen Willen kennen oder dulden. Aber auch Gesellschaften, die sich nur aus antagonistischen Einzelnen zusammensetzen, können nicht Staat genannt werden, weil ihnen die Einheit fehlt und sie sich in einem mehr oder weniger offenen Kriegszustand befinden. Despotie und Anarchie sind laut Schleiermacher die Extreme, in denen der Staat vernichtet wird[32].

Da es für Schleiermacher das Gesetz des Lebens ist, daß die Gegensätze sich spannen, sich trennen und wieder vereinigen müssen, besteht auch die Entwicklung des Staates oder der politischen Idee eben in der deutlichen Trennung und Vereinigung jener Pole: des Bewußtseins der Zusammengehörigkeit und des Bewußtseins des Fürsichbestehens jedes Einzelnen. Und das heißt für das Denken und Handeln im Staat: "Gemeingeist" und "Privatinteresse", "Gesetz" und "Geschäft", "Regierung" und "Untertanen" müssen sowohl geschieden als auch vereinigt sein. Schleiermacher nennt diese Seiten die "Funktionen" im Staat, und d.h. sie können auf verschiedene Personen und Personengruppen verteilt sein, können aber auch vom selben Bürger ausgeübt werden; er wäre dann sowohl *citoyen* wie *bourgeois*. Der Staat jedenfalls entfaltet, spannt und vereinigt jene Pole, und "nur in der Vermittlung dieses Gegensatzes ist das wirkliche bewußte Leben des Staates"[33]. In drei aufeinander folgenden Stufen realisiert sich diese politische Idee, die Idee des Staates: Die einfachen, noch instabilen griechischen Kleinstaaten neigten zur Demokratie und konnten jene Funktionen kaum trennen. Die aristokratisch verfaßten Staaten des Mittelalters führten die notwendige Differenzierung zwar durch, aber unzureichend: Im Stand der Aristokraten fielen die Funktionen noch zusammen, und im Verhältnis von Aristokratie und Bürgern gab es nur Trennung, aber keine Vereinigung. Erst der im Werden begriffene moderne Nationalstaat kann als konstitutionelle Monarchie die Idee des Staates voll entfalten: Die Einheit des Staates, das Bewußtsein der Zusammengehörigkeit, ist im Monarchen repräsentiert, die Vielheit und Mannigfaltigkeit der Sonderinteressen in den Bürgern[34]. Beide sind verbunden durch die Konstitution: Die legislative Gewalt geht vom Volk

---

32. SL 4.
33. SF 262ff.
34. SF 269ff, 281ff.

aus und endet beim König (der König setzt – wie Hegel[35] das ausdrückt – den Punkt auf das i); die exekutive Gewalt geht vom König aus und endet im Volk (d.h. die Beamten führen die Anordnungen aus). Erst in der konstitutionellen Monarchie der Moderne sind also die Funktionen des Staates sowohl deutlich getrennt wie vereint und deshalb die Idee des Staates vollkommen verwirklicht.

Laut Wilhelm Dilthey hat Schleiermacher hier für die Staatsphilosophie die Naturphilosophie fruchtbar gemacht, er antizipiere deshalb das soziologische Denken Herbert Spencers[36]. Aber man sollte bedenken, daß Schleiermacher an einer Naturphilosophie orientiert ist, die deutliche Wertungen trifft: Dasjenige Naturprodukt sei das vollkommenste, so erfahren wir, welches das "Wesen des Lebens" am vollständigsten ausspricht[37]. Deshalb ist auch die Entwicklung der politischen Idee kein Naturkreislauf oder bloßer Fortgang, sondern eine ausgesprochene Fortschrittsgeschichte: Die letzte Stufe, der nationale Staat mit Monarchie und Verfassung, ist auch die vollkommenste und stabilste. Deshalb ist auch die Nähe zu Hegel viel augenfälliger. Freilich, bei Hegel ist der Staat die Tat des Geistes, bei Schleiermacher erscheint er als Naturgebilde. Aber die verschiedenen Worte dürfen nicht über die Ähnlichkeit der Sache täuschen: Auch für Schleiermacher gibt es einen "schneidenden Unterschied" zwischen Horde und Staat, denn im Staat lösen die bewußte "Arbeit" und das bewußte "Gesetz" die aus "bewußtlosem Instinkt" gelebte Sitte ab[38]. Umgekehrt unterliegt auch bei Hegel – mehr noch als bei Schleiermacher – die Entwicklung des Rechts einer strengen Gesetzmäßigkeit. Beide erkennen in der Rechtsentwicklung Logik und Vernunft. Zwar ist Schleiermachers Staatsbegriff viel liberaler als der Hegelsche[39], aber beide Staatsphilosophien haben denselben historischen Ort, sie liegen in dem schmalen Bereich zwischen Aufklärung und historischer Schule.

Für Schleiermacher wie für Hegel ist die Geschichte also zumindest in ihrem Grundzug als vernünftiger Fortschritt begreifbar (Schleiermacher unterstellt ihr ganz selbstverständlich eine in ihr waltende, vernünftig richtende

---

35. Hegel, *Grundlinien der Philosophie des Rechts*, § 280 Zusatz, *Theorie Werkausgabe*, Bd. 7, S. 451. Der König ist bei Schleiermacher und Hegel nicht mehr der Souverän, sondern nur der Repräsentant des Staatsganzen.
36. W. Dilthey, *Leben Schleiermachers*, Bd. 2: *Schleiermachers System als Philosophie und Theologie*, hg. von M. Redeker, Göttingen 1966 (= GS XIV), S. 383.
37. SF 248.
38. SF 261.
39. Siehe dazu vom Verfasser: *Schleiermachers Theorie der modernen Kultur mit vergleichendem Blick auf Hegel*, in *Hegel-Studien*, Bh. 22, *Kunsterfahrung und Kulturpolitik im Berlin Hegels*, hg. von O. Pöggeler – A. Gethmann-Siefert, Bonn 1983, S. 131-151, bes. 136ff.

"Nemesis"[40]). Und diese Konzeption hat mindestens drei Implikationen: *Erstens* ist die Staats- und Rechtsgeschichte im großen betrachtet philosophisch *begreifbar*; sie ist kein bloß kontingentes, schicksalhaftes Naturgeschehen. Freilich, so betont Schleiermacher, gibt es "tausend Verschiedenheiten" zwischen den historischen und deshalb auch immer individuellen Staaten. Aber sie gehören gleichwohl bestimmten Entwicklungsstufen innerhalb einer konsequent fortschreitenden Geschichte an. *Zweitens* ist unter der Voraussetzung einer vernünftigen Geschichte die Staats- und Rechtsgeschichte *affirmierbar*. Denn in ihr erkennen wir nicht ein für uns gleichgültiges Geschehen, sondern die Entwicklung der politischen Idee, die in der Gegenwart zur Vollendung kommen soll. Und diese politische Idee bedeutet auch bei Schleiermacher Freiheit: Freiheit als Entfaltung der Individualität wie Freiheit als Autonomie (gewährleistet im Staat durch die Konstitution). *Drittens* ergeben sich aus dieser – auf den ersten Blick nur naturalistischen – Staatsphilosophie *Handlungsnormen*. Denn der Nationalstaat mit konstitutioneller Monarchie, der als Resultat der geschichtlichen Entwicklung vorgestellt wird, ist erst im Werden begriffen und bedarf der Mitarbeit der Bürger und Monarchen. Schleiermachers Staatsphilosophie ist demnach – ebenso wie seine philosophische Ethik und seine christliche Sittenlehre – deskriptiv und normativ zugleich: Was in der Geschichte sich anbahnt, das ist wert, auch vollendet zu werden.

c) Faßt man diese Basis von Schleiermachers Staats- und Rechtsphilosophie ins Auge, so werden sofort die Unterschiede zu Savigny deutlich. Schleiermacher ist an konstruktiven Grundbegriffen und an einer Entwicklungslogik für die Sphäre von Recht und Staat interessiert, Savigny aber an der historisch gegebenen Rechtsmaterie. Es verwundert nicht, daß Savigny schon früh das Denken Schleiermachers als zu philosophisch kritisierte[41]. Während Schleiermacher überzeugt war, daß die Geschichte zumindest in ihrem Grundzug in einem vernünftigen Fortschritt begriffen sei, vertrat Savigny eher eine Verfallstheorie: Mit dem geschichtlichen Fortgang entferne sich die Menschheit von der göttlichen Offenbarung; nur die jugendlichen Völker hätten ein lebendiges produktives Rechtsbewußtsein, während in alternden Nationen das Recht vornehmlich zur Sache der

---

40. SF 276.
41. In einem Brief an Jacob Grimm über Schleiermachers *Gelegentliche Gedanken über Universitäten im deutschen Sinn* heißt es 1808 bei Savigny: "Was mir an der Schrift am meisten zuwider, obgleich nicht ganz klar ist, geht mehr das wissenschaftliche überhaupt als die Universität an: es ist eine philosophische Einseitigkeit, die immer auf ein engherziges Verkennen vieles Vortrefflichen führt." Bei A. Stoll, *Der junge Savigny. Kinderjahre, Marburger und Landshuter Zeit Friedrich Karl von Savignys*, Berlin 1927, S. 333. Savignys Rezension von Schleiermachers Universitätsschrift in *Heidelberger Jahrbücher*, Bd. I/3, Sp. 277-305.

Wissenschaft und des Juristenstandes werde[42]. Aus dieser unterschiedlichen Geschichtsauffassung folgt ein je anderes Verhältnis zur antiken Tradition. Savigny lehrt in der Theorie zwar eine lebendige Rechtsentwicklung, faktisch aber orientiert er sich an dem für ihn klassischen römischen Recht und will dessen Gehalt und Geltung weitmöglichst auch in der Gegenwart bewahrt wissen. Schleiermacher rezipiert zwar die antike Staatsphilosophie, unterzieht aber das antike Staatsdenken, auch und gerade das platonische, einer einschneidenden Kritik[43]. Für ihn ist die antike Staatstheorie mit der alten Welt vergangen und kann nur teilweise und mittelbar noch für das moderne Staatsdenken fruchtbar gemacht werden.

Es ist dies wohl der wichtigste Unterschied zwischen Savigny und Schleiermacher, aus dem fast alle anderen speziellen Differenzen folgen: Schleiermacher erkennt – wie die Geschichtsphilosophie der Goethezeit fast allgemein – einen unwiderruflichen Epochenbruch zwischen Antike und Moderne und begrüßt die durchs Christentum geprägte moderne Welt als Fortschritt zu Freiheit und Humanität. Savigny aber, insgesamt konservativ, möchte die Geschichte zu einem bruchlosen Kontinuum glätten und sieht in der Neuzeit – trotz der Einwirkung des Christentums auf das Privatrecht – vorwiegend bedrohliche Tendenzen, denen es entgegenzuwirken gilt. Hatte der junge Schleiermacher die Französische Revolution begrüßt und hatte er sie später aus dem Widerspruch von demokratischem Gemeinschaftsbewußtsein und aristokratischer Staatsform erklärt und so gerechtfertigt[44], waren für Savigny die Französische wie alle anderen Revolutionen, auch und gerade die 48er, die er noch miterlebte, nur Katastrophen. Anders als Schleiermacher hatte er wenig Interesse an der Errichtung einer preußischen Verfassung. Er lehnte den Gedanken der Volkssouveränität ab und wünschte eine Mitwirkung der Gemeindevertreter an den Regierungsgeschäften nur zur Stärkung der Macht der Fürsten[45].

Da Schleiermacher weit mehr liberal und demokratisch gesonnen war, dürfte er auch kaum im sog. Kodifikationsstreit auf der Seite Savignys gestanden haben. 1814 hatte der Jurist Thibaut ein gemeindeutsches Zivilgesetzbuch gefordert, als Ersatz für die nicht erreichbare deutsche Eini-

---

42. Savigny, *Vom Beruf* (siehe Anm. 17), S. 102ff, 165f. Siehe dazu D. Strauch, *Recht, Gesetz und Staat bei Friedrich Karl von Savigny*, 2. Aufl., Bonn 1963, S. 29, 34ff, 49ff.
43. Siehe Schleiermachers Einleitung zu seiner Übersetzung von Platons *Der Staat*, *Platons Werke*, III,1/1, Berlin 1828, S. 1-72, bes. S. 29, 32ff, 36f, 60.
44. SF 276.
45. Siehe Strauch, a.a.o., S. 59ff. – Die umfängliche, differenzierende Arbeit von J. Rückert hat Savignys politische Position nicht in ein gänzlich neues Licht gestellt, jedoch die politische Nähe der Kontrahenten Thibaut und Savigny herausgearbeitet. J. Rückert, *Idealismus, Jurisprudenz und Politik bei Friedrich Carl von Savigny*, Ebelsbach 1984, S. 161ff.

gung[46]. Gegen diesen Plan war Savigny Sturm gelaufen: Ein Gesetzbuch würde die reiche Rechtstradition verstümmeln und durch die Fixierung die lebendige Entwicklung des Rechts hemmen. Überhaupt sei die Zeit für die Erstellung eines Gesetzbuches wissenschaftlich noch nicht reif, es fehlten die nötige Sprache, die Kenntnis und Beherrschung des Rechtsstoffes und das klare Bewußtsein von leitenden Grundsätzen. Statt der Gesetzgebung bedürfe es der historischen Aufarbeitung der Rechtstradition. An die Stelle der gesetzgeberischen Praxis also soll die historische Rechtswissenschaft treten[47]. Savignys Plädoyer gegen die Gesetzgebung war ein wichtiges Politikum. "Aus altständisch-konservativer Stimmung sprechend", so Wieacker, "fürchtet er aus standespolitischen Gründen den Sieg einer demokratisch-egalitären Rechts-, Verfassungs- und Gesellschaftsreform"[48]. Daß die historische Schule sich 1814 gerade im Kampf gegen eine demokratisch motivierte Gesetzgebung profilierte, hat ihr dann den Vorwurf des Quietismus und Konservatismus zugezogen. – Savigny war mit seiner Rolle im Kodifikationsstreit keinesfalls der Repräsentant der Romantiker und all derer, die wir inzwischen sämtlich zum Historismus zählen. Achim von Arnim z.B. vertrat eine entschieden andere Ansicht als Savigny, und auch Jacob Grimm hatte zunächst ein Gesetzbuch befürwortet[49]. Schleiermacher wird in dieser Frage – wie Hegel – eher auf der Seite von Savignys Gegner Thibaut gestanden haben. Jedenfalls lobte er wie Thibaut den jungen Dahlmann, der 1815 nachdrücklich die historische Notwendigkeit einer Verfassung behauptet und damit den Wunsch nach demokratischer Selbstbestimmung artikuliert hatte[50].

Besonders auffällig ist die Differenz zwischen Schleiermacher und Savigny in ihrem Verhältnis zur sog. sozialen Frage. Savigny hatte sie nirgends im Blick. Schon Achim von Arnim kritisierte, die neue historische Schule interessiere sich mehr für die Vornamen der alten Juristen als für die neuen Gesetzbücher, mehr für die Vergangenheit als für die "heutige Geschichte"[51], das aktuelle soziale und politische Problem der Bauernbefreiung erwähne Savigny mit keinem Wort[52]. Diese Blindheit für die Probleme der Gegenwart folgte nicht nur aus Savignys konservativ-alt-

---

46. A.F.J. Thibaut, *Über die Nothwendigkeit eines allgemeinen bürgerlichen Rechts für Deutschland*, Heidelberg 1814, in Hattenhauer (siehe Anm. 17), S. 61-94.
47. Savigny, *Vom Beruf*.
48. F. Wieacker, a.a.O., S. 15.
49. R. Steig, *Achim von Arnim über Savignys Buch vom Beruf unsrer Zeit für Gesetzgebung*, in *Zeitschr. der Savigny Stiftung f. Rechtsgeschichte*, German Abt. 13 (1892), S. 228-234. U. Wyss, *Die wilde Philologie. Jacob Grimm und der Historismus*, München 1979, S. 60ff.
50. W. Dilthey, *Leben Schleiermachers*, Bd. 2.
51. Achim von Arnim, bei R. Steig, a.a.O., S. 232f.
52. Bei E. Wolf, a.a.O., S. 531f.

ständischer Gesinnung, sondern auch – wie Böckenförde plausibel macht – aus dem juristischen Ansatz. Denn Recht wird als organische Evolution, als Selbstentfaltung begriffen, nicht als Antwort auf Herausforderungen und Regelungsbedürfnisse der jeweiligen Gegenwart[53].

Auch laut Schleiermacher entwickelt sich der Staat, wie wir sahen, aufgrund seines eigenen Gesetzes, und so ist auch Schleiermacher am Modell organischer Entwicklung orientiert. Da aber Schleiermacher das Ganze des Staates in den Blick nimmt und da mit dem Begriff des Staates sogleich auch eine formale Norm gesetzt ist – das Zusammenbestehen von Gemeinschaftsbewußtsein und individuellem Selbstbewußtsein –, müssen die sozialen Probleme in die Staatstheorie einbezogen werden. Denn wenn ganze Bevölkerungsgruppen durch ihre soziale Lage vom Gemeinschaftsbewußtsein ausgeschlossen sind und sich mit dem Staat nicht mehr identifizieren können, dann entspricht der Staat nicht seinem eigenen Begriff, ist er kein wirklicher Staat. Deshalb macht Schleiermacher dem modernen, "industriösen Staat", der durch die Verarmung von Bevölkerungsschichten in seinem Bestand bedroht ist, den Eingriff in die Wirtschaft und die soziale Fürsorge zur Aufgabe[54].

d) Die späteren Staatstheoretiker der historischen Rechtsschule – der reaktionäre Friedrich Julius Stahl und der liberale Johann Kaspar Bluntschli – bestätigen uns, daß Schleiermacher dieser Schule nicht zugehörte und daß diese Schule den sozialen Problemen weit weniger gewachsen war als Schleiermacher. Denn Stahl erkennt bei Schleiermacher nur die liberale Aufweichung von geheiligten Traditionen[55], weiß auf die sozialen Probleme seiner Zeit aber keine Antwort zu geben. Bluntschli geht in seiner Rechtsphilosophie zwar kurz auf die sozialen Mißstände ein[56], kann sie aber nicht mit seiner These von der organischen Entwicklung des Rechts verbinden. So stehen sich in der historischen Schule soziale Wirklichkeit und Rechtstheorie fremd gegenüber. Die historische Schule hatte der Aufklärung vorgeworfen, Rechtsidee und historische Wirklichkeit klafften verheerend auseinander. Aber in dieses Problem gerät sie nun selbst, denn ihre Vorstellung vom organisch sich entwickelnden Recht steht vermittlungslos neben den fak-

---

53. E.-W. Böckenförde, a.a.O.
54. H. Falcke, *Die soziale Frage in der Sicht F.D.E. Schleiermachers*, in *Wissenschaftliche Zeitschrift der Universität Rostock*, 8 (1958/59), Gesellschafts- und Sprachwissenschaftliche Reihe, H.8, S. 363-376.
55. F.J. Stahl, *Die Philosophie des Rechts*, Bd. 1, *Geschichte der Rechtsphilosophie*, 2. Aufl., Heidelberg 1847 (zu Schleiermacher siehe hier S. 515-541).
56. J.K. Bluntschli, *Allgemeines Staatsrecht, geschichtlich begründet*, München 1852, S. 94-97, 627f.

tischen Brüchen in der Geschichte, neben Revolutionen und sozialen Konflikten.

Zu überlegen aber wäre, inwieweit Schleiermachers Staatsphilosophie Parallelen zu Lorenz von Steins Theorie des Sozialstaates hat. L. v. Stein stellt den Staat als Inbegriff der Einheit, als Repräsentant des allgemeinen Willens und als Garant der Freiheit und Gleichheit der Bürger polar der Gesellschaft als Inbegriff der Vielheit und der Interessenkämpfe gegenüber. Unterwirft sich der Staat ganz die Gesellschaft und organisiert auch die Arbeit (wie im Kommunismus), dann führt dies ebenso zur Unfreiheit der Einzelnen, wie wenn umgekehrt der Interessenkampf in der Gesellschaft den Staat und sein Prinzip außer Kraft setzt. Also muß der Staat dafür Sorge tragen, daß das erarbeitete Kapital auch den unteren Klassen zugute kommt und ihre Unterdrückung und Verarmung verhindert wird[57]. Schleiermacher und Lorenz von Stein – so scheint mir – gehen beide von einem Ballance-Modell aus: Die vereinigenden, soz. zentripetalen Kräfte des Staates müssen den zerstreuenden, vereinzelnden, soz. zentrifugalen Kräften der Gesellschaft die Waage halten. Dies wäre freilich weiter auszuführen.

4. Hermeneutik und Dogmatik

Finden wir im Rechtsdenken zwischen Schleiermacher und Savigny wenig Gemeinsamkeiten, so fragt es sich doch, ob sie nicht im Feld der Hermeneutik – wie Gadamer vermutet – eines verwandten Geistes sind. Beide waren Repräsentanten der ehemals "oberen Fakultäten" Theologie und Jurisprudenz, Wissenschaften, welche die beiden wichtigsten Orientierungssysteme vermittelten, christliche Religion und römisches Recht, und welche deren Quellen auslegten, den neutestamentlichen Kanon und das Corpus Justinianum. Beide, Schleiermacher wie Savigny, haben in ihrem Fachgebiet sowohl historisch geforscht und eine Hermeneutik entworfen wie auch eine Dogmatik verfaßt: Schleiermacher den *Christlichen Glauben nach den Grundsätzen der evangelischen Kirche* (1821/22) und Savigny das *System des heutigen römischen Rechts* (1840/49). Beide waren in ihrem Gebiet von größtem Einfluß: Schleiermacher gilt als "Kirchenvater des 19. Jahrhunderts" und Reformator der dogmatischen Theologie und Savigny als Begrün-

---

57. L. von Stein, *Der Begriff der Gesellschaft und die Gesetze ihrer Bewegung*, (Einleitung zu *Geschichte der sozialen Bewegung in Frankreich von 1789 bis auf unsere Tage*), in E. Forsthoff (Hg.), *Lorenz von Stein. Gesellschaft – Staat – Recht*, Frankfurt/Berlin/Wien 1972, S. 21-113. Siehe dazu E.-W. Böckenförde, *Lorenz von Stein als Theoretiker der Bewegung von Staat und Gesellschaft zum Sozialstaat* (1963), in ID. (Hg.), *Staat und Gesellschaft*, Darmstadt 1976, S. 131-171.

der der historischen Rechtsschule. – Verhalten sich bei diesen beiden nun Hermeneutik und Dogmatik auf gleiche Weise? Haben beide das historische Wissen von dem systematischen, dogmatischen Wissen abgetrennt? Haben sie das historische Verstehen von der Applikation, der Anwendung, isoliert und zum Selbstzweck erhoben und damit einen problematischen Historismus heraufbeschworen?

a) Halten wir uns zunächst an ihre Programme und an ihre eigenen Arbeiten. Beide, darin hat Gadamer recht, haben auf einer ersten Stufe in der Tat zwischen der Auslegung der normativen Texte aus Theologie und Jurisprudenz und der Auslegung etwa historischer Zeugnisse keinen prinzipiellen Unterschied gesehen. Die Auslegung folgt zunächst denselben Regeln und ist ein philologisches Unternehmen, nicht sogleich ein theologisches und juristisches. Immer gilt es, in den Worten den gemeinten Gedanken zu erkennen, und dieses Verfahren ist eine "Rekonstruktion"[58]. Das bedeutet, Schleiermacher und Savigny nehmen beide die bewährten Verfahren der Philologie und damit auch die Tradition der Aufklärung in ihre Wissenschaften auf: Methodisch gesichertes Wissen von Texten wird zu einer wichtigen Basis auch der theologischen und juristischen Arbeit. Darin zeigt sich – institutionell betrachtet – der Sieg der philosophischen Fakultät über die ehemals oberen Fakultäten: Gesichertes Wissen hat den Vorrang vor allen Geltungsansprüchen tradierter Normensysteme. Damit ist in der Tat für den Akt des Verstehens die Applikation zunächst beiseitegestellt.

Aber Savigny und Schleiermacher haben keineswegs die Verbindung zwischen philologisch verfahrender Hermeneutik und systematischer Dogmatik aufgelöst und durchschnitten. Vielmehr betreiben sie beide das hermeneutische Geschäft der Auslegung gerade im Hinblick auf eine Dogmatik, welche den tradierten Stoff in ein kohärentes, wissenschaftliches System bringt. Schleiermacher verlangt deshalb vom theologischen Exegeten ausdrücklich, neben dem "philologischen Interesse" auch dem "dogmatischen Interesse" Rechnung zu tragen. Das heißt, der Exeget muß zumindest ein "Interesse am Christentum" bereits mitbringen[59], und er muß den neutestamentlichen Kanon im Hinblick auf dessen Quelle, Christus, und im Hinblick auf das Wesen des Christentums auslegen. Dieses dogmatische und

---

58. Savigny, *System*, Bd. 1, S. 213. Wie laut Schleiermacher sich der Interpret die Lage des Autors vergegenwärtigen muß, so sollen laut Savigny die Ausleger "sich in Gedanken auf den Standpunkt des Gesetzgebers versetzen, und dessen Thätigkeit in sich künstlich wiederholen, also das Gesetz in ihrem Denken von Neuem entstehen lassen." (Ebd.).

59. Schleiermacher, *Kurze Darstellung des theologischen Studiums zum Behuf einleitender Vorlesungen*, 2. Aufl., § 147 (kritische Ausgabe hg. von H. Scholz, 4. Aufl., Darmstadt o.J. [1961], S. 57f). Siehe dazu vom Verf. *Herméneutique et dogmatique chez Schleiermacher*, in *La naissance du paradigme herméneutique*, hg. von A. Laks und A. Neschke, Lille 1990, S. 279-298.

jenes philologische Interesse sind für Schleiermacher keineswegs im Widerstreit, sondern ergänzen und korrigieren sich. Die Philologie – am Leitfaden des hermeneutischen Zirkels voranschreitend – arbeitet der Dogmatik in die Hand, indem sie ihr das möglichst authentische geschichtliche Material zuführt.

In ganz ähnlicher Weise verhalten sich Hermeneutik und Dogmatik auch bei Savigny. Die Auslegung ist zwar eine "freie Thätigkeit", die nicht durch Gesetze beschränkt ist. Aber letztlich dient sie nur dem Zweck, die Gesetze "in das Leben übergehen" zu lassen[60]. Daraufhin sind bei Savigny die Stufen der juristischen Arbeit von vornherein angelegt: Auf die erste, "die philologische Bearbeitung" des Rechts, die den jeweiligen Gedanken der einzelnen Gesetze rekonstruiert, folgt als zweite eine "historische Bearbeitung", welche die geschichtliche Entwicklung des ganzen Rechtssystem darlegt, und auf diese gründet sich schließlich als Abschluß die "systematische Bearbeitung", welche die Trennung und Verbindung der überlieferten Rechtssätze untersucht und diese schließlich in ein widerspruchsfreies, organisches System bringt. Ein solches System war für Savigny immer höchstes Ziel der juristischen Arbeit; diese werde durch die Transformation der tradierten Rechtsmaterie in ein einheitliches System aus sich selbst heraus zur "Philosophie"[61]. Schleiermacher und Savigny haben also das Element der Applikationen in der Hermeneutik tatsächlich zunächst suspendiert, die Hermeneutik aber sehr wohl eng mit der Dogmatik verknüpft. Deshalb ist es auch wenig sinnvoll, ihnen vorzuwerfen, sie hätten nur die Rekonstruktion der Überlieferung, nicht aber deren Integration zu einem gültigen Wissensbestand betrieben. Denn beider Dogmatiken beanspruchen genau dies zu sein: Die Integration des Tradierten in ein System. Erst über dies System, die Dogmatik, soll dann zweitens freilich auch die Applikation erfolgen, sollen dann das römische Recht in der Rechtsprechung (Savigny) und die kirchliche Lehre auch in der Verkündigung, in der "Kirchenleitung" wirksam werden (Schleiermacher). So ist schließlich auch der Applikation durchaus Rechnung getragen.

b) Das wesentlich und epochal Neue an ihrer Arbeit ist weniger die Aufnahme philologischer Methoden in die Hermeneutik; dies war durch den

---

60. Savigny, *System*, Bd. 1, S. 206-212.
61. Savigny, *Juristische Methodenlehre. Nach der Ausarbeitung des Jakob Grimm*, hg. von G. Wesenberg, Stuttgart 1951. Vgl. D. Strauch, a.a.O., S. 27ff, 51ff, 90ff. In jener frühen *Methodenlehre* von 1802/03 unterscheidet Savigny innerhalb der "philologischen Bearbeitung" einen logischen, einen grammatischen und einen historischen Bestandteil (a.a.O., S. 19). Später im *System* ergänzt er diese Elemente um ein "systematisches" Element. Diese systematische Interpretation ist der Übergang in die dogmatische Arbeit. *System*, Bd. 1, S. 213f.

Humanismus längst vorbereitet. Neu aber ist ihre Bestimmung der Dogmatik. Denn ihre Dogmatiken berücksichtigen den Wandel der Geschichte. Dogmatiken sind jetzt "historische" Disziplinen. Sie sagen nicht, was immer und ewig dogmatische Geltung beanspruchen kann, sondern sie formulieren, was in der Gegenwart wahr und gültig ist. Savigny verfaßt ein System des *heutigen römischen Rechts*, und Schleiermachers *Glaubenslehre* ist audrücklich auf die bestimmte Kirche seiner Zeit zugeschnitten. Alle dogmatische Theologie, heißt es in der Dogmatik, beziehe sich auf die "in einer christlichen Kirchengesellschaft zu einer gegebenen Zeit geltende Lehre"[62]. Die Dogmatiken haben so ihre Legitimationsbasis nicht mehr in einer geschichtsfreien Vernunft, aber auch nicht in einer unwandelbaren, objektiven historischen Größe. Vielmehr ist vorausgesetzt, daß das Wesen des Christentums und das Wesen des Rechts der Veränderung unterliegen, in geschichtlicher Entwicklung begriffen sind und so verschiedene Erscheinungsweisen annehmen. Dogmatiken können angesichts der Erfahrung des Geschichtswandels nicht mehr das Wesen schlechthin, sie müssen es zugleich in seiner bestimmten historischen Erscheinung und Gestalt aussagen. Deshalb beziehen sich die Dogmatiken von Schleiermacher und Savigny sowohl auf den historischen Ursprung – auf Neues Testament und Corpus Justinianum – wie auf die nachfolgende Geschichte und die Gegenwart. Die Dogmatiken müssen die geschichtliche Veränderung reflektieren[63].

Sie können und tun dies, indem sie kritisch sind, d.h. Unterscheidungen markieren und das Veraltete vom Geltenden abtrennen. Savigny fordert vom Juristen, er solle das Tote vom Lebendigen zu scheiden wissen, und stellt die Regel auf, das spätere Gesetz habe jeweils Vorrang vor dem früheren[64]. Und Schleiermacher erklärt in ähnlicher Weise, die Theologie solle in fortgehender Reformation begriffen sein, durch die das Wesentliche und Gültige vom Zufälligen und bloß Äußeren getrennt werde. Seine eigene Dogmatik gilt eben dieser Aufgabe.

In dieser Hinsicht, in der Kritik der Tradition, gibt es aber nun einen wichtigen Unterschied zwischen Schleiermacher und Savigny. Denn Schleiermacher hat für diese Kritik einen Maßstab; nämlich die Voraussetzung, daß

---

62. Schleiermacher, *Der christliche Glaube nach den Grundsätzen der evangelischen Kirche im Zusammenhange dargestellt*, 2. Aufl., § 19 (Hg. v. M. Redeker, Berlin 1960, Bd.1, S. 119).

63. Keineswegs hat Savigny – wie Gadamer vermutet – den Zeitenabstand zwischen den Epochen ignoriert. Vielmehr betonte er im Hinblick auf die Auslegung der Justinianischen Gesetze nachdrücklich die "große Entfernung" des Auslegers vom Gesetzestext. Wegen dieses großen zeitlichen Abstandes gebe es hier für den Interpreten keinerlei "unmittelbare Gewißheit" und sei eben historische Arbeit als Brückenschlag nötig. *System*, Bd. 1, S. 241.

64. *System*, Bd. 1, S. 264.

Frömmigkeit und Vernunft, Christentum und Wissenschaft zwar getrennte Bereiche sind, aber friedlich sollen zusammenstimmen können. Savigny hingegen muß sich allein auf das nun einmal in seiner Zeit geltende Recht berufen. Weil Schleiermacher der Vernunft neben der religiösen Tradition ihr eigenes Recht einräumt, deshalb ist auch in seiner Theologie das philologische und philosophische Verfahren ausdrücklich gerechtfertigt: der Theologe muß auch den nichttheologischen Wissenschaften Rechnung tragen. Bei Savigny bleibt das Verhältnis von Recht und Vernunft unklar. Die Vernunft hat letztlich nur einen formalen Nutzen, für die Definition der Begriffe und die Systematisierung der Rechtssätze. Eine eigene Rechtsphilosophie aber neben der historischen und dogmatischen Arbeit wird nicht entworfen oder gefordert.

c) Nun sind aber mit dem Hinweis auf die Programme und die eigenen Arbeiten von Savigny und Schleiermacher Gadamers Bedenken noch nicht gänzlich aus dem Weg geräumt. Denn Gadamer meint, die historische Schule – d.h. Schleiermacher und Savigny – hätten in ihren Disziplinen einer historischen Forschung zum Sieg verholfen, die vor allem später, im weiteren Verlauf des 19. Jahrhunderts, fragwürdige Folgen hatte; die historische Schule habe eine radikale Verwissenschaftlichung der Tradition herbeigeführt und dadurch die Überlieferung der Lebenspraxis entzogen. Dies Problem ist im späteren 19. Jahrhundert in der Tat sichtbar. In der Jurisprudenz entwickelte sich die historische Wissenschaft vom römischen Recht zu einer hochspezialisierten, rein historisch-philologischen Forschung, die keinerlei Beziehung mehr zur Dogmatik und Rechtspraxis hatte. Nun standen sich Rechtsgeschichte und Dogmatik fremd gegenüber[65]. Und dies war problematisch: Denn das in der Dogmatik entfaltete Recht hat dadurch nicht mehr durch die Berufung auf die Geschichte, auf die gelebte Tradition, seine Geltung, sondern jetzt nur noch durch den Willen des Gesetzgebers, des Staates. Die historische Rechtsschule endet deshalb in einem bedenklichen Gesetzespositivismus. Auch für die Theologie war die historisch-philologische Verwissenschaftlichung eine Gefahr. Bei D.F. Strauß führte die Bibelkritik schließlich zur Verabschiedung des Christentums und zur Proklamation eines "neuen Glaubens", zur Ersetzung der Religion durch die ästhetische und wissenschaftliche Kultur[66]. Und laut F. Overbeck ist alle Theologie, aber besonders die moderne, historisch-kritische, für die Religion geradezu verderblich[67]. So hat es seine Richtigkeit, daß die historische Forschung das

---

65. P. Koschaker, *Europa und das römische Recht*, München/Berlin 1947, S. 342 u.ö.
66. D.F. Strauss, *Der alte und der neue Glaube. Ein Bekenntnis*, Leipzig 1972.
67. F.C. Overbeck, *Christentum und Kultur. Gedanken und Anmerkungen zur modernen Theologie*, hg. von C.A. Bernoulli, Basel 1919 (Repr. Darmstadt 1963), S. 291.

dogmatische Wissen gefährden konnte, Jurisprudenz und Theologie in rein historisch-philologische Disziplinen zu verwandeln und so zu zerstören drohte.

Jedoch steht zu bezweifeln, daß allein von seiten der Hermeneutik, daß durch die Einbeziehung der Applikation in das Verstehen dieser Prozeß aufzuhalten war. Denn weder das römische Recht noch der biblische Kanon waren insgesamt unmittelbar auch in der Lebenspraxis anwendbar. Denn jene Zeugnisse waren durch den Fortgang der Geschichte unwiderruflich in historische Distanz gerückt, waren sichtbar Teil einer untergegangenen alten Welt. Wenn aber dies bewußt geworden und wenn einmal sowohl die Bibel wie das römische Recht als uneinheitliches Konglomerat von verschiedenen Traditionsschichten erkannt waren, dann konnte dieses Wissen nicht einfach in der Applikation vergessen und durch Applikation getilgt werden.

Hingegen zeigt der Streit zwischen den Juristen Thibaut und Savigny, wo die Lösung für jenes Problem der rein historischen Verwissenschaftlichung vielleicht eher zu suchen ist. Savigny hatte der "ungeschichtlichen Schule" der Aufklärung die "geschichtliche Schule" als die allein maßgebliche entgegengestellt. Aber Thibaut akzeptierte diese Sprachregelung nicht. Es gebe vielmehr eine "bloß geschichtliche Schule", der Savigny angehöre, und eine "geschichtlich-philosophische Schule"[68]. In diesem zweiten Begriff steckt Thibauts eigenes Programm: Die Rechtswissenschaft brauche einerseits die Rechtsgeschichte; weil aber der tradierte Rechtsstoff inhomogen, teils veraltet, teils sogar verwirrend sei, brauchte sie andererseits auch die Philosophie. Und dies scheint die tragfähigere Konzeption zu sein. Wenn die Tradition zu divergent, wenn die Geschichte durch Brüche gezeichnet ist, dann muß die philosophische Reflexion hinzutreten, dann ist die Vernunft auf den Plan gerufen.

Schon ein Blick auf die Struktur von Schleiermachers theologischphilosophischem System zeigt, daß bei ihm die Vermittlung von Historischem und Philosophischem der Nerv seines Denkens war. Beide Seiten sollten ihr Eigenrecht haben, sollten aber auf einander bezogen werden. Deshalb steht Schleiermacher Thibauts "historisch-philosophischer Schule" viel näher als Savignys bloß historischer Schule. Man sieht dies schon, wenn man die theologische Systematik Schleiermachers mit der juristischen Systematik Savignys vergleicht. Savignys Einteilung der juristischen Arbeit in Exegese, Historik und Dogmatik entspricht sehr genau Schleiermachers Gliederung seiner "historischen Theologie" in Exegese, Historik und Dogmatik. Aber bei Schleiermacher gibt es eben nicht bloß diese "historische Theologie",

---

68. Thibaut, *Besprechung des Einleitungsaufsatzes aus der Zeitschrift für geschichtliche Rechtswissenschaft* (1815), bei Hattenhauer (Hg.), a.a.O., S. 270.

sondern daneben auch noch die "philosophische Theologie" und die "praktische Theologie"[69], und er arbeitet neben der Theologie auch eine eigene Philosophie aus. Schleiermacher also setzt die christliche Theologie ausdrücklich in ein Verhältnis zur Philosophie und zur Praxis in der Gegenwart. Und dies findet bei Savigny keine Entsprechung. Weder gibt es bei diesem eine Philosophie des Rechts noch eine Theorie des modernen Staates, in dem das Recht wirksam werden sollte. Es gibt nur die Traditionsvermittlung.

---

69. Schleiermacher, *Kurze Darstellung*, a.a.O. § 147.

HISTORY AND TEMPORALITY IN THE DEBATE BETWEEN F. CH. BAUR AND SCHLEIERMACHER

Sergio Sorrentino – Salerno

The debate between F.Ch. Baur and Schleiermacher on historicity (on the "historical ground") is both of theoretical relevance and historical-philosophical importance. It is of relevance and importance because the theoretical values contained therein have determined, by different and not always direct means, both subsequent philosophical thought and, of course, theological doctrine. While shedding light on this debate, we must consider the basic motives of the question on history and the particular quality of "historical time." It is undoubtedly one of the crucial and recurring topics of philosophical reflection.

In his extensive research on the history of Christianity and theology, Baur is sustained by an original conceptual framework that he first elaborated by combining Hegelian and Schleiermacherian thought. It is ultimately ruled by an understanding of historicity, i.e., by a notional scheme of historical temporality, in which two types of logic are blended together: that based on *opposition*, which qualifies Schleiermacher's *Dialektik*, and that based on *contradiction*, which determines the movement of Hegelian *logic*. Symptomatically, Baur focuses his conception of historical reality through a close debate with Schleiermacher in the famous *Osterprogramm* of 1827. The impression given is that, starting from an initial agreement in *Symbolik und Mythologie*, in which interesting signs of a conception of historical temporality independent of Schleiermacher's emerge, Baur goes on to formulate his own conceptual framework, which will later support his work as historian of the Church and theology and as philosopher of religion. This evolution was mediated by a sharp criticism of the Schleiermacherian conception and then, after 1833, by Hegelian philosophy above all.

The notional scheme of historical temporality utilized in Baur's conceptual framework is unique. As I understand it, it has considerably influenced German historicism at the end of the nineteenth century as well as Dilthey himself (one might recognize the outlines of Baur's scheme underlying Dilthey's thought). It links together historical becoming, moved by opposition-contradiction, and "ideal perspectives," articulated into opposites. Such a scheme establishes a kind of circularity between the understanding of history and the philosophical-conceptual explication.

Baur's critical debate with Schleiermacher and the resulting understanding of history

The debate between Baur and Schleiermacher concerning the first edition of the *Glaubenslehre*[1] deals with historical ground, which according to Baur is absent from the deepest structure of Schleiermacher's theology. This absence accounts for the fact that Schleiermacher's dogmatics is included in the "gnosis" typology. Its theological substance, precisely because the historical element is lacking (in the background there is probably the antinomy formulated by Lessing between a truth of fact, i.e., historical truth, and a truth of reason), is ultimately led back to a cognitive content qualified by reason, not by revelation. Indeed, revelation itself is irreducibly constituted by a *factual event*. That is why Baur maintains that Schleiermacher's dogmatics belongs to the typology of rationalism, a specific form of which is just that rationalism that drops and leaves aside the historical element. Rationalism is defined as "that system that presents human reason as the highest cognitive principle of religion" and as "that system which, as concerns divine things, never exceeds the sphere, enclosed in itself, of human reason and consciousness."[2]

It is worth pointing out at once that the axis of the debate developed by Baur in relation to Schleiermacher's *Glaubenslehre* is clearly outlined in the argument concerning the first form of dogmatic statements.[3] Baur starts his analysis with the opposition between religion, set up as a community through

---

1. *Der christliche Glaube (1821-1822)*, critical edition published in vols. I/7, 1-2 of the *Kritische Gesamtausgabe* (Berlin 1980). Vol. I/7, 3 contains Schleiermacher's own famous manuscript *Marginalien* and an anthology of passages from authors whom he quotes in the text and in the *Marginalien*; the anthology forms a considerable appendix to the volume. The documentation of Baur's discussion of this dogmatics by Schleiermacher (in the first edition) is contained in the two texts of the *Osterprogramm* and of the *Selbstanzeige*, which are particularly meaningful in the evolution of Baur's thought. My quotes refer to vol. I/7, 3 of the KGA, where they are reprinted.
2. Cf. pp. 257 and 259.
3. Cf. pp. 266-270. Also cf. pp. 245f, where the same argument is played in a different note: the opposition between *res gestae* (precisely the historical element) and man's *consciousness*, which is paralleled by the other opposition between the historical and the ideal figure of Christ. The two poles of the opposition give rise to two different modes of religious reality: *objective* or *historical* religion, set up by virtue of the historical element, and *subjective* or *philosophical* religion, set up in the absence of the historical element and only by virtue of consciousness (i.e., self-consciousness).

the objectification (the expression) of religious self-consciousness, and religious essence, concentrated in the innermost self-consciousness (the feeling of absolute dependence). He points to a tension between these two principles of the *Glaubenslehre*, which are potentially alternative. These two principles, or elements, of religion that Baur seems to place at the source of alternative forms of the religious universe, are characterized in this way: the first is enclosed within itself, i.e., it is gathered within the space of consciousness as a determination of the feeling and then as a "state" of self-consciousness; the second is a "coming out from itself," because at this level feeling is related to a community or to an external system and it, therefore, establishes a *historical context*, in which the *subjective* extends into the *objective*. According to Baur, both forms of dogmatic statements are none other than congruent formulations of these two principles or elements of religion. Their compatibility, however, as the congruence of the two forms of dogmatic statements, involves a problem that is difficult to resolve. Actually, if the source of religious faith is *communication*, i.e., the energy that gives rise to a community, then the *historical element* is determining and the second form of dogmatic statements prevails in the dogmatic construction. In this case, the *historical starting point* of the community acquires essential emphasis. Indeed, at this level religious feeling has been *communicated* to individuals through the rising force of the expressions of self-consciousness. If, on the other hand, religious faith is based upon the "state" of immediate self-consciousness, then it does not depend upon an external community. In this case, the historical element is merely accessory (the community acts only as a mirror of the state of self-consciousness and does not possess any objectifying energy), so that the first form of dogmatic statements prevails absolutely.

What then is the relationship between the two principles and forms of dogmatic statements that Schleiermacher applies in the *Glaubenslehre*? According to Baur, it is quite clear: the prevalence given to the first form (and consequently to religious feeling itself)[4] denotes that the *historical* and *ecclesial* character is not essential to the structure of the *Glaubenslehre*. All thing considered, the *historical* element, which is nonetheless present therein, is completely subordinate to the *philosophical* element. Just as self-consciousness expands out to the totality of finite being and represents it, so too the widening of self-consciousness to the religious community is only a determinate form of immediate self-consciousness, *out of which sphere one never emerges*. Schleiermacher, therefore, according to Baur, never belies the *ide-*

---

4. Even if, as Baur points out quoting § 34 of GL1, Schleiermacher's statement that religious faith depends on the community and his insistence on the historical starting point give rise to a major aporeme.

alistic character of his dogmatic construction, since his point of departure is always immediate self-consciousness, that is, the first form of dogmatic statements.

It was evident to Baur (as it was evident to Karl Barth a century later, albeit in a different context), that the founding principle of Schleiermacher's dogmatics does not reside in a revelatory event *different* from human reason and consciousness, i.e., in "a specific, free, divine causality, occurring at a certain moment," which has produced "what is necessary for religious knowledge and for man's salvation." The crucial point of Baur's argumentation resides in the opposition between two *cognitive principles*, from which the two modes of achieving man's "salvation" naturally follow: reason, i.e., human consciousness, which radically excludes the *cognitive* contribution *coming from outside* (as the saving supplement not attainable by man alone), and the "specific divine causality" that requires the *cognitive* contribution *coming from outside* (revelation), with the consequent saving energy that is supplementary to the possibilities inherent in man. Indeed, Baur does not seem to have perceived the importance of the *transcendental revolution* Schleiermacher performed in his understanding of religious reality and even in the setting of theology: religious experience cannot be brought back to a cognitive mode but rather to a mode of feeling, i.e., of existing. Certainly, knowing [*Erkennen*] is also a mode of being, but it is a mode of being that goes back to the self-being/being-one-self (to immediate self-consciousness); it is an acting in relationship to the world that thus gives rise to the area of the "objective consciousness," which includes the domains of theoretical and practical reason. Whereas religious reality (even if in the *Brouillon's* lessons it is brought back to an *Erkennen* that establishes the area of the incommunicable individuality[5]) is a mode of being that goes back to the being-from, i.e., to the feeling of absolute dependence, therein a transcendental structure (an ontological modality) of human existence is articulated and stands out. This forms precisely the area of "subjective self-consciousness"; once established in its historical concretion, it gives rise to God-consciousness and religious experience, which are related to the cognitive instance and to knowing reason as an *other* irreducible in its otherness. It "gives food for thought," but it cannot be resolved into thought.

While stating the reasons for his critical analysis (which, however, misses its target completely and which is precisely what allows us to draw attention to this episode), Baur outlines his own conception of *history* and *historical time*. He then elaborates the substantial seed of all of his succeeding histori-

---

5. Concerning this point cf. my analysis in chapter 2 of *Ermeneutica e filosofia trascendentale. La filosofia di Schleiermacher come progetto di comprensione dell'altro*, Bologna 1986.

ographical, theological, and philosophical research, which is contained completely within the span between *speculation and criticism*.[6] Actually, his criticism of Schleiermacher is highly ambiguous. While, on the one hand, it intends to grasp a limitataion that needs to be overcome in the *Glaubenslehre* – precisely the downfall of the historical element or, rather, its disarticulation and disembodiment from the central axis of the theological discourse (namely, the principle of self-consciousness that governs the determination of the first form of dogmatic statements and its predominant and exhaustive value) – on the other hand, it allows him to grasp in a positive way several aspects of Schleiermacher's theological setting. Indeed, as we already have seen, it consists of a setting that one may substantially qualify as "philosophical" rather than "historical." In the last analysis, the critical excavation undertaken by Baur to canalize the principal structures of the *Glaubenslehre* from its Gnostic axis (or idealistic axis, in its specific meaning of "ideal rationalism" intended in Baur's analysis) to that of "realism" (a "typical" realism that structurally displays the outlines of an "absolute idealism," following the Spinozian-Hegelian model) reveals the authentic point that separates the two concepts of Christianity and religion (the *reality of faith*): *the understanding of historical reality and its particular temporality*. A thorough comparison between Baur and Schleiermacher, to which the acute analysis elaborated by the historian and theologian from Tübingen gives rise, allows us to ascertain this fact and to verify its exact consistency and significance.

The conceptual framework erected by Baur on the occasion of his debate with Schleiermacher is functional for *historical research*, that is, for the understanding and comprehension of historical phenomena, which is the very topic motivating Baur's long and varied activity.[7] This framework consists of three principles, i.e., three guiding ideas, which in fact provide the approach to historical research.[8]

1) The task of the science of history is to lead the multiplicity of historical phenomena (which is precisely the concern of research) back to "certain higher and more general points of view": the intention is to return historical phenomena to the sphere of concepts. Here it must be made evident that a distinction is being drawn between the *ideal content* of historical phenomena,

---

6. Cf. W. Geigers' exhaustive study of Baur, *Spekulation und Kritik*, München 1964. It should be pointed out that one of the virtues of KGA is to have made available to us important texts that defined the debate concerning Schleiermacher's *Glaubenslehre* more precisely, enabling us to perceive anew basic problems, which would otherwise have remained buried under a thick mantle of oblivion.
7. Cf. p. 256.
8. Cf. p. 256f.

from which alone their intelligibility in relation to historiographic recognition can arise, and their *emergence as phenomena* or facts. In short, historical phenomena acquire their intelligibility only as external and factual transfers of facts of consciousness. A further argument then discerns between the different forms of rationalism (principally qualifying the kind of rationalism that has become established in more recent times).[9] Thus we can grasp the powerful kernel of the view developed by Baur. The *facts of consciousness* too, i.e., those that form the ideal content of historical facticity, display a historical diachrony of their own, a *temporal form*, inasmuch as they are determined in a *series of temporal evolution*. Thus, grasping the intelligible consistency of historical phenomena means, on the one hand, deriving from it a congruent historiographic comprehension while, on the other hand, it implies tuning in to the wavelength of the *diachrony* proper to consciousness, since it is only in this way that one can gain access to understanding the current stage achieved by human consciousness. It is highly significant that this claim Baur made in his confrontation with Schleiermacher, and which he appropriated and made the pivot of his own historical research, reduces all of the potentiality of *reason* to the domain of *consciousness* (following a propensity, which, as W. Geiger suggests,[10] finds objective verification, after 1833, in Baur's reading of Hegel and particularly the *Phenomenology of Spirit*) and thus locates the whole of the *ideality* of reason within the dimension of *theoretical ideality*. This objectively provides the refutation of the instance put forward by Kant in the transcendental dialectic (the major theme of which was picked up by the succeeding generation, for example by Fichte and Schleiermacher himself); it intended to widen the domain of ideality from the merely theoretical use of reason to its practical use and perhaps even further, if one bears in mind the results achieved in the *Critique of Judgment*.

2) The central role played by the concept of *opposition*. Opposition becomes the core of the phenomenology of historical becoming as the *logical* form congruent with the *temporal form* of historical becoming. Actually, the category is continuously put into action in Baur's work, whether in reference to the religious history of humanity,[11] to the development of Christianity and

---

9. Evidently it is above all, but not only, Schleiermacher who is under consideration here: cf. p. 258.

10. Quoted above, p.43.

11. I refer chiefly to *Symbolik und Mythologie oder die Naturreligion des Alterthums*, (2 parts, in 3 volumes), Stuttgart 1824-25 (repr. Aalen 1979), and to *Die christliche Gnosis oder die christliche Religions-Philosophie in ihrer geschichtlichen Entwicklung*, Tübingen 1835. Cf. also another work symptomatic of Baur's output: *Der Gegensatz des Katholizismus und Protestantismus nach den Principien und Hauptdogmen der beiden Lehrbegriffen*, Tübingen 1835 (previously published in issues 3 and 4 of TübZTh of 1833 and then in a single volume, first edition 1834).

Christian doctrines, or, finally, to historiographic analysis (including the analysis of Schleiermacher's theology). Now, this category receives preferential treatment in Schleiermacher's dialectic and his particular mode of thought (with its characteristic "polar" bearing); it expresses its typical logic as an alternative to the linear logic put into action by the contradiction that was coined by Hegelian thought. In fact, it appears that Baur tendentiously merges the two kinds of logic together, i.e., Schleiermacher's logic of opposition and Hegel's logic of contradiction.[12] It is worth noting that opposition concerning the historical world, i.e., the human world in its historical manifestation, is opposition not at the level of things but of "perspectives [*Ansichten*] and ideas." This precisely accounts for the adoption of the conceptual framework elaborated by Baur (and which even orders its logic): the only possible reason for *movement* and evolution at the level of *ideal contents* is given precisely by the *opposition* between different ideal contents. The temporal (linear) form, therefore, is only conceivable as passage, diachrony between opposites, and not as a contradiction that would render inconceivable the movement at the level of facts of consciousness (unless it were opposition disguised as contradiction).

3) The importance of the recourse to "recent" philosophical reflection to sustain the understanding of historical phenomena thus achieved with an explicative structure. What is interesting apart from the meaning of the allusion to "recent" philosophy – in which one may include the modern version of rationalism in general, the philosophical substance that, according to Baur, informs and determines the deep structure of Schleiermacher's dogmatics, and, finally, even the philosophy of Hegel himself (even though its direct influence on Baur himself can only be dated from after Hegel's death) – is that this instance establishes a kind of circularity between the understanding of history and the philosophical-conceptual explication. Essentially, the reasoning underlying this instance is anthropological in nature: the concepts by which it is possible to grasp the intelligible content of historical becoming (particularly, the concepts of consciousness, opposition etc.) have "their ultimate natural ground in the organism of man's spiritual nature."

---

12. It is interesting to examine how the concept of *opposition* is used in the critical scrutiny of Schleiermacher's dogmatics. Rationalism and supernaturalism are distinguished on the basis of opposition in the way of knowledge; "common" and "ideal" rationalism on the basis of opposition in the way of understanding history; in ideal rationalism (which, according to Baur's view, defines the type of Schleiermacher's dogmatics) the opposition in force is that between Christian and pre-Christian, between historical and philosophical (Baur maintains the latter should not be confused with the distinction drawn between the philosophical and the religious in the *Glaubenslehre*).

In order to extract from Schleiermacher's dogmatics a paradigm for understanding historical time and temporality, which at the same time provides a criterion compatible with the three instances and is also a guiding thread for historiographic research (on Christianity, on the Church, on the history of dogmas, and religious history), Baur concentrates his analysis on two focal points: the first form of dogmatic statements[13] and Christology. As for the first point, I already have focused on Baur's critical analysis of the structure of the *Glaubenslehre* and the relationship between the three forms of dogmatic statements. Essentially, he establishes that structure upon the principle of consciousness and resolutely subordinates the other two forms of dogmatic statements to the first form (which, however, gave rise to Schleiermacher's explicit protest, together with his rigorous clarification). As for the second point (Christology), Baur emphasizes the *ideal [urbildlich]* character of Christ in opposition to the *historical [geschichtlich]* character that is simultaneously asserted by Schleiermacher. In effect, in Baur's vision the *historical* aspect of the ideal Christ, "the perfect consciousness of God in man," can be brought back only to its collocation within the evolutionary framework of humanity's religious consciousness that, as we know, is ruled by opposition. So the ideal Christ (symptomatically, Baur renders *Urbild* and *urbildlich* in GL1 as "ideal") is understood as the supreme evolutionary level of human consciousness that can be achieved only on the premise of passing through the preceding levels of evolution.[14] In this way, Schleiermacher is attributed with a Gnostic model of the comprehension of Christ. Actually, Baur makes such a model his own, albeit with a decisive twist toward the "realism" that expresses his program as a believing intellectual. According to this model, Christ is considered to be the perfect consciousness of God in man; in its deep truth, it clarifies the way by which man arrives at knowledge of his own ideal nature and shows the evolutionary progress (from imperfect to perfect) through which the conditions for the emergence of Christianity (at the apex of the movement) are produced. The latter, in fact, according to the Gnostic view, is the product of a necessary law, ordained by the absolutely unknowable God.[15]

Baur unfolds all of his analysis of Schleiermacher's *Glaubenslehre* around this reading of the *ideal Christ*. As we already know, it coins the category of "ideal rationalism," interprets with consequent coherence the notions of Redeemer and redemption that Schleiermacher places at the core of Christian

---

13. Stated, as is well known, in § 34 of GL1, which is what Baur had in mind; it is revised (in order to gauge it and also to take into account the misunderstanding caused by Baur himself and by others) in § 30 of GL2.
14. Cf. pp. 258 and 261.
15. Cf. p. 263.

faith (and therefore of his own dogmatics), discusses the two principles (community and self-consciousness) that preside over Schleiermacher's systematic theology (pointing out its ambivalence and, at the same time, asserting the hegemony of the principle of consciousness), raises the aporia constituted by the "historical point of departure," and, finally, within the very structure of this dogmatics, puts the historical point of view in opposition to the philosophical one.[16]

The conclusion that Baur draws from his research is of interest in order better to establish his concept of history and temporality. The way in which the Redeemer [*Urbild*] appears in history [*Geschichte*], precisely realizing that union between *urbildlich* and *geschichtlich* asserted with great energy by Schleiermacher,[17] is identical to the way in which a superior idea awakened in consciousness (in the diachrony proper to the facts of consciousness) *emerges as its external manifestation and develops temporally*. Christ, too, is an idea of this kind; and a temporal progression branches off from him, too. While, on the one hand, this progression offers the scheme of historical temporality, which functions as the theoretical nucleus of an extensive historiographical work typical of the Tübingen school, on the other hand, it allows the coining, at the level of the ideal contents governed by opposition, of the key categories of Baur's historiography concerning the history of Christianity. Well-known within this perspective are the evolutionary Petrine-Pauline-Johannean triad and the oppositive objective-Catholic and subjective-Protestant dyad (here too with a progressive temporal valence), elaborated in the course of Baur's extensive work on the overall history of Christianity.[18] On this subject the axiom formulated by Baur is of great significance[19]: *there can be nothing in the historical part that was not first in the ideal part*. While asserting the logical subordination of the second form of dogmatic statements to the first, this axiom connotes Baur's conception of historicity.

Finally, according to Baur, a demanding theoretical task ensues from the critical analysis of the *Glaubenslehre*. It is necessary to merge together two

---

16. Cf. pp. 264-273.

17. Cf. pp. 272f, in which moreover an interesting distinction is drawn between the historical Jesus and the Christ of faith, which, as is well known, gave rise to the later theological debate.

18. Cf. particularly *Die Christuspartei in der korinthischen Gemeinde. Der Gegensatz des petrinischen und paulinischen Christenthums in der ältesten Kirche. Der Apostel Petrus in Rom*, three essays published in vol. 4 (1831), pp. 61-206 of TübZTh; and *Der Gegensatz . . .* quoted above. These notions play a self-evident role in the monumental *Geschichte der christlichen Kirche* (in 5 vols., 1853-1863, the last three of which were published posthumously) and in the *Vorlesungen über die christliche Dogmengeschichte* (published posthumously, in 3 volumes, 1865-1867).

19. Cf. p. 248.

principles that, in Schleiermacher's dogmatics, are certainly distinctly formulated but nevertheless induce a reason of logical incongruities that requires resolution. (1) The *principle of rationalism*. According to Baur, Schleiermacher lets the historical base fall in the first form of dogmatic statements, by virtue of which the whole ideal content is comprised within consciousness. (2) The *principle of historical* or temporal *form*. The historical element is essential to this rationalism (Gnosticism) inasmuch as Christ is the (ideal) zenith of an imagined evolutionary process.[20]

If my reconstruction of the conceptual framework elaborated by Baur in his confrontation with Schleiermacher is correct,[21] then we may summarize his understanding of temporality and historical time. The outstanding quality of history, i.e., of historical events and facts, is *temporal form*, that is, temporal linear succession. Now, this temporal form pertains not only, and not even in the first instance, to the diachrony of historical factuality, to which of course the form of temporality pertains as resultant, and therefore subordinately, but also in principle to the *facts of consciousness*. One may even maintain that *historical time is none other than the inner time of consciousness*. According to this point of view, it is evident that *historical time is the linear time of diachronic succession* (i.e., of the articulation of temporal ecstasies) *in the opposition of ideal contents*. Thus the movement of history is the progression (i.e., the linear succession, the movement with a vector defined by linearity) from one ideal quality to the opposite. The *linear direction* (the vector of this historical time) is given by the superior quality that is always successive, superior, to the inferior one that precedes it. This is why *the true historical temporality is that of historiography*, which turns historical time *into memory* and *imagines* the progressive-linear movement (time).

Starting from this ideal plane of the *temporal evolutionary series, the temporal form inheres in external historical facts*, in the phenomena of human history. Actually, it determines not only the inner facts of consciousness, as dictated by rationalism (which in this case is in line with Gnosticism), but also

---

20. Cf. p. 258f, where, in precisely defining the distinction between "ordinary rationalism" and "ideal rationalism," it is made evident that the absolutely supernatural and superational (subsumed in Schleiermacher's *urbildlich*), which does not occur in the temporal pre-Christian moment, pertains to inner nature of the spirit and is, therefore, subject to *historical vicissitude* by virtue of which it arises only as the culmination of a process of growth.

21. Furthermore this can be supported by an examination of Baur's own earlier and later work; important in this regard is the conception of history we find overall in his work. It is clearly expressed in the statement of a critical summary and apologetic definition of the entire historiographic work of the Tübingen school, the essay *Die Tübinger Schule und ihre Stellung zur Gegenwart*, Tübingen 1859 (in vol. V of Baur's works, Stuttgart 1975, pp. 293-465; vol. V contains the essays that articulated the diatribe concerning the historiographic work of Baur and his school).

the facts of outer, public history, the history of the world [*Weltgeschichte*]. This is made possible because the ideal content of the inner facts of consciousness is projected and externalized (one might say, is objectified) in these outer facts. This is the very point where "realism," as the philosophical position Baur attains opposing rationalism and supernaturalism, shows its theoretical consistency, suitable indeed to give a reason for the historical reality of Christianity. This is the case because, whereas rationalism and supernaturalism attribute the authority and the seal of the ideal content either only to reason (to consciousness) or only to facts respectively, "realism" sees in historical temporality the evolutionary linearity of the facts of consciousness and assumes the temporality of consciousness to be the criterion of historical temporality. It seems important to me, concerning this point, to bear in mind the question posed by Kant in relation to the analogies of experience,[22] for the notional scheme of historical temporality adopted by Baur turns out to be very close to the one underlying the thematization of temporality formulated by Kant on that occasion.

History and temporality in Schleiermacher's conception

We must ask whether Baur is actually correct when he claims that the historical element (the historical ground) is lacking in the *Glaubenslehre*, particularly in the first form of dogmatic statements. Indeed, the formulation Baur gives to the problem reveals a basic misunderstanding of Schleiermacher's approach. When Schleiermacher discusses the first form of dogmatic statements, he is no longer talking about immediate self-consciousness (i.e., the feeling of absolute dependence) as Baur is. He is rather talking about the lived experiences [*Gemütszustände*] of religious feeling, since immediate self-consciousness (i.e., feeling) is but the transcendental constituent of the concrete, lived religious experience, i.e., religious feeling concretely and historically constituted. In order to have this *lived experience*, the mediation of sensible self-consciousness is necessary. This then is Baur's misunderstanding, inasmuch as he reduces lived religious experience to its transcendental root and does not duly take into account the particular, i.e., *constituted*, structure of that lived experience. Actually, when Schleiermacher discusses the first form of dogmatic statements in § 30.1 of GL2, clearly keeping an eye on recording and accounting for Baur's objection, he significantly refers to § 5. It is precisely here that he clarifies thoroughly the *transcendental constitution of*

---

22. *Critique of Pure Reason* (B 262-265).

religious experience and theorizes about the temporality and the historical structure of religious experience.

Thus the *object of the dogmatic understanding is the historical phenomenal nucleus of the specifically Christian* (qualified, that is, according to a specific determination) *sediment of religious feeling* (the feeling of absolute dependence in its soterial-redemptive qualification). In the last analysis, this is why the understanding of dogma belongs structurally to the cognitive mode of hermeneutics practiced in relation to a lived historical experience. Such an object or, rather, such a lived experience, occupies a chronological space: indeed, it is in the clarification of this occupation of "a chronological space," set out in § 5 of GL2, that one finds Schleiermacher's understanding of *temporality* and historical being. In any case, this historical-phenomenal nucleus is subsumed in the dogmatic formulation, particularly in the first form of dogmatic statements. If, like Baur, one loses sight of the historical consistency of these dogmatic statements, inasmuch as they translate into language a historical-phenomenal lived experience, which, in any case, is something quite different and more than a fact of consciousness instituting a cognitive ideality (as maintained by Baur), then one has misunderstood the very tenor of the first form of dogmatic statements. One must wonder how Baur came to such a misunderstanding. The answer is probably that hinted at by Schleiermacher himself in a marginal note, in which he registers exactly the core of Baur's objection[23]: Baur's reading of the various expositive cycles dealing with dogmatic statements of the first form is diachronic; he does not realize that they are to be read synchronically (or, as Schleiermacher puts it, are to be combined together), just as, on the other hand, he erroneously separates the three forms of dogmatic statements from one another and their respective expositive cycles. Schleiermacher expatiates upon this at greater length in the second *Sendschreiben* to Lücke,[24] where, several times and point by point, he discusses Baur's reading of the *Glaubenslehre* and gives conclusive clarifications, which contribute to the final formulation of its second edition. It is above all clear that, in that discussion, Baur has performed an exclusive separation of the three forms of dogmatic statements, whereas Schleiermacher claims that each of them contains the entire substance (precisely, the *historical substance*) of the others. In short, every *lived religious experience*, which the linguistic formulation of dogmatics strives to express, simultaneously contains the existing qualification (or determination) of higher self-

---

23. Marginal note 595 in KGA I/7, 3 p. 107.
24. Cf. the Mulert edition (Giessen 1908) p. 48ff, particularly p. 49 (regarding the term *geschichtliche Haltung* and the matter of the *historical Christ*); also cf. pp. 54ff, p. 68 and pp. 10ff, 22 of the first *Sendschreiben*.

consciousness (the qualification, the *so-Sein*, of the Self), the ecclesial (or communitarian) insertion, and the relationship with Jesus (the Redeemer). The absence of even only one of these components dissolves the *lived religious experience* described in the dogmatics and thwarts its peculiar substance, which is just what the dogmatic formulation attempts to grasp.[25]

In order to understand correctly the questions raised in the confrontation between Schleiermacher and Baur, it is necessary (after having illustrated Baur's conception of temporality and history) to clarify the determination of *temporality* expressed in § 5 of GL2. This turns out to be all the more difficult, because there Schleiermacher proceeds quite succinctly, leaving only a few hints regarding the matter. Indeed, since it deflects from the central line of his argument, it does not allow for an extensive explicit thematization (to be given elsewhere), which is assumed.[26] In order, therefore, to grasp the entire consistency of such a thematization of historical temporality outlined in this context, it is necessary, first, to follow the tenor of his argument accurately, then, to return to the question of *temporality* as set up in the *Dialektik*, and, finally, to follow the allusions dealing with *historical temporality* contained in the lessons on ethics. This is what I intend to do briefly in the following three points.

1) § 5 of GL2 merges together §§ 10 and 11 of GL1. A synoptic reading of both contexts may help us to penetrate this crucial passage of Schleiermacher's argument. The problem posed therein concerns the reasons that ex-

---

25. Cf. the second *Sendschreiben*, p. 55 on the concept of redemption and on its historical substance.

26. In the discussion of this lecture of mine at Salerno Meeting, E. Herms raised the problem of the identification of explicit documented traces to use as a basis for the reconstruction of Schleiermacher's concept of historical temporality. I believe that this question expresses the legitimate concern that, when dealing with texts of the philosophical tradition, we should not attribute theoretical views or dimensions not pertaining to them (or which pertain to the reader's theoretical outlook) through improper and unbalanced interpretations. Granting all this, I nevertheless maintain that in Schleiermacher there are substantial hints of a conception of historical temporality, which can also be documented; they emerge with exceptional vigour particularly in the discussions in § 5 of GL2 and in the lessons on ethics (where the attention is turned to ethical production, which is predominantly historical); and it is significant that precisely § 5, which I have quoted, is included in the "axioms derived from ethics," as far as they go back to the developments of ethical thematization. On the other hand, in the *Dialektik* there is the discussion of a topic of important theoretical relevance, the *Zeiterfüllung*, which while, on the one hand, tends to bear evidence of a difference in relation to Kant's concept of time, on the other hand, also expands and enriches the perspectives of the discussion on temporality by including not only the theme of mathematical time but also that of historical time (although a different model of temporality). All of this appears to me perfectly susceptible of documentation. The real problem consists in connecting all the various hints of the reflection concerning temporality (precisely, the one in the *Glaubenslehre*, the one in the lesson on ethics, and the one introduced into the dialectics).

plain *temporal diachrony* and the *actual concrete emergence* of immediate self-consciousness (in its culminating figure, from the anthropological profile, of religious feeling or, rather, religiosity), which in itself is exempt from the spatio-temporal dimension, recalling Plato's *eksaifnes*, or *metabolé*.[27]

The complex argumentation in § 5 (and the corresponding ones in §§ 10 and 11 of GL1, albeit predominantly in the linguistic variants that distinguish them) achieves a kind of *transcendental deduction* of the categories in which Schleiermacher's understanding of religious experience is gathered. The categories that he particularly settles and puts right are: "religious stimulation [*Erregung*]," which constitutes the inchoate cell of the whole religious experience; "higher self-consciousness" (or subjective self-consciousness), as the culminating point of the anthropological reality; "God-consciousness," which connotes the specific content of religious experience (in which a *Mitgesetztsein*, an involvement of the divine in religious experience, is enacted, indicating a condescending offering, so to speak, with the divine by no means giving itself as having arisen from the depth of experience but always and only as being receptively involved in such depth); and, finally, *temporality* (indeed, historical temporality).

In order to understand this last category congruently, which is what specifically interests us here, the structure of the whole discourse must be emphasized. It is to be stressed that the *temporality* of lived religious experience is structurally connected to the actuality of religious feeling, i.e., it emanates from the *transcendental constitution* of concrete religious experience (in its actuality, to be precise). Immediate self-consciousness is determined by virtue of that constitution both in the sense of the temporal diachrony and in that of the specification of the experiential content, thus by virtue of its connection with sensible self-consciousness, namely that self-consciousness that acts in correlation with the world (with a double vector: active and passive). Without this conjunction feeling, i.e., immediate self-consciousness, does not receive the consistency of an actuality (in other words, it is a pure *a priori* form of existing, without existent consistency). That conjunction gives rise to the *religious stimulation*, that is, to the primordial cell out of which the whole context of religious experience is woven and to the *temporal* series created from the manifold religious stimulations, each of which is endowed with its own gradient of intensity and its own specific content. Therefore, if it is

---

27. On this cf. H.-R. Reuter, *Die Einheit der Dialektik Friedrich Schleiermachers*, München 1979, p. 212ff, where there is also a criticism of E.M. Miller's thesis regarding the *Übergang*, albeit awarding him the merit of having referred to the third hypothesis of Plato's *Parmenides* in his elucidation of this crucial point of Schleiermacher's philosophy (E.M. Miller, *Der Übergang. Schleiermachers Theologie des Reiches Gottes im Zusammenhang seines Gesamtdenkens*, Gütersloh 1970).

true that feeling, as the transcendental constituent of the whole religious experience, is at its fundamental root the "feeling of absolute dependence," it becomes specific on the existing and temporal plane only insofar as it embodies itself in the variegated sphere of sensible self-consciousness. Thus absolute dependence becomes the constituent of all the polymorphous forms that such consciousness assumes in relation to the world.

It is of great interest that the kernel of this argument, on which the entire discourse of the quoted paragraphs (§ 5 of GL2, and §§ 10 and 11 of GL1) centers, can be developed by following two different approaches. First, *from below*, that is, starting from what I would call the ontic plane, in which religious experience is given as already formed, already articulated within the diachronic flux of religious stimulations (already containing "God-consciousness" and the intensity-gradient consonant with the "pleasant-unpleasant" temporal rhythm). In this case, it is a matter of discerning the transcendental ontological structure of that actual reality, precisely that structure in which the *Mitgesetztsein* of the divine becomes clear, as does the feeling of absolute dependence as the ontological dimension of immediate self-consciousness. Second, *from above*, that is, following the thread of the transcendental constitution, thus starting from the original *primum* of immediate self-consciousness to arrive at its complex ontic specifications in the historical lived experience of the religious universe. Significantly, in its articulated discourse, the transcendental deduction merges both the approaches.

The development of the discourse realized in the two contexts quoted (i.e., § 5 of GL2 and §§ 10 and 11 of GL1) rests on a phenomenology of the three different levels of anthropological reality: the infantile-animal, which is characterized by the undiscriminating confusion between the Self (reflected in feeling) and the other-than-self (reflected in intuition); sensible self-consciousness, which resides in the opposition between Self and other-than-self (within which span the being-in-the-world is really actualized); and, finally, immediate self-consciousness, at which level the opposition is neutralized, in the sense that it is condensed in an ontological dimension, which expresses *finite being in general*. On this last plane reflection no longer forms a category of symmetrical opposition (which Schleiermacher denotes with the notions "partial dependence" and "partial freedom") but outlines a new kind of opposition, which I would call asymmetrical (and, in fact, is denoted by the term "absolute dependence"). In fact, only the feeling of absolute dependence connotes the self-consciousness that soars above the symmetrical opposition.[28]

---

28. Cf. § 5.1 and 5.2 (corresponding to § 10.1 and 10.2).

If we now focus on this fulcrum of religious reality, which is at the same time the pivot of the highest anthropological level (precisely where the supreme interest of anthropological being resides: what Tillich calls "ultimate concern," and Kant calls "what of necessity interests man"), then one may easily acknowledge that immediate self-consciousness (feeling) has no capacity for change within itself. Actually, since it is not dependent on any external datum, a passage from non-being to being or vice-versa is impossible. Further, because it is absolutely simple (never composite) being and thus always self-identical, it is not susceptible of a passage from one qualification to another.[29] This means that only the fusion (the co-existence, *Zusammensein*) with sensible self-consciousness (the second anthropological level) can manifest it in the sphere of temporality.[30] Thus, the coincidence [*Zugleichsein*] and the reciprocal relationship of a transcendental kind

---

29. Cf. § 5.3. At this point the corresponding argumentation in § 10 draws away from that in § 5 and is, in my opinion, less rigorous than the latter (and not only in relation to the linguistic gauging). In fact, where § 5 follows the thread of a transcendental deduction (within which the discussion too is developed along the two lines made possible by the two approaches), § 10 gives preference decisively to the approach from below and oscillates considerably between one angle and the other. The deduction alluded to begins in § 10.3, where the discussion concerns religious stimulations, demonstrating that they alone pertain to the anthropological level established by immediate self-consciousness and then proceeds with § 10.4, where the crux of the argument concerns the presence of the Supreme Being in human consciousness (i.e., the *Mitgesetztsein*, which not without reason is here referred to as a *Mitbestimmende*, a term which forms a hendiadys with *Mitgesetzte* in § 5.1); such a presence cannot be the reason for the temporality in which religious experience flows. Therefore, the reason has to be found elsewhere, and it is found precisely in the connection between religious feeling (in which the divine gives itself as *Mitbestimmende*) and sensible feeling; it is on account of this connection that the *unity of the moment* of religious stimulation and sensible feeling is established, bringing about (as expressed in the text) the assumption of the lower anthropological level (that of sensible self-consciousness, of the symmetrical opposition) into the higher level. Interesting aspects of the line of argument in § 10.4 are: the distinction (discretely alluded to) drawn between the specific temporality established by the transcendental constituent of religious experience (the temporality of the diachronic flux of religious stimulations) and the temporality of the inner time of consciousness, which establishes the scheme of causality (temporal causality); the allusion to the fact that immediate self-consciousness establishes the framework of the contextuality of the *Dasein* (that *Dasein* qualified by symmetrical opposition and, therefore, by being-in-the-world); and, finally, the assertion of the *continuum* of sensible self-consciousness, from which one can induce that religious feeling cannot establish itself in the interstices (in the empty spaces) of that self-consciousness.

30. Schleiermacher inserts an interesting remark here, which in some ways resumes the one already made in § 10.4 (albeit with a different twist, in line with the deflection of the argumentation, as illustrated in the previous note): only if the higher self-consciousness (as the establishing instance of religious reality) does not render vain the representing and doing (that is, if it does not create gaps in the continuum of sensible self-consciousness), can the establishment of the *contextuality of our being-here* be possible. The argument is developed by arguing *per absurdum*.

[*Bezogensein*] of both the types of self-consciousness (the immediate and the sensible) gives rise to the *unity of the moment* of religious stimulation, that is, to the simple diachronic unity that frames the temporal sequence of the lived religious experience, "fills" its time and outlines its historicity. Indeed, it is precisely in this synthesis that the highest, and in its ontological aspect richest, anthropological reality comes into being, which Schleiermacher in § 5.3 defines as the "saturation point" (i.e., the richest fulfillment) of self-consciousness or of the Self. Therein is condensed what may be called the most authentic personifying nucleus of the human being and, at the same time, the subject of history most charged with history-making energy. It should be emphasized here that this anthropological peak does not reside in the bare superior self-consciousness but rather in the synthesis that it forms with sensible self-consciousness. Furthermore, this synthesis is endowed with a double qualification of temporality, which I would call mathematical and dynamic; and it is by virtue of this that it can be considered in two ways.[31] The first qualification is the *gradient*, which indicates the incidence of religious experience (or religious self-consciousness) in the temporal moment (in the temporal ecstasy): religious self-consciousness always has a degree of intensity in the unity of the moment (in the indivisible diachronic point); it varies from a barely perceptible minimum to an all-encompassing maximum.[32] The second qualification indicates the *vector of progression*, i.e., the gradual, progressive affirmation of a hegemony of the religious in the dimensions of existing, which is the inner *telos* of religious consciousness and its objective sediment (God-consciousness).

In § 5.4 the entire argument dealing with the temporality of religious consciousness is recapitulated, concluding with the clarification of the particular rhythm of that temporality. Sensible self-consciousness (which, as we know, functions in relation to the world) is affected by temporality, forming itself into a series of different moments (the temporal ecstasies). On the other hand, immediate self-consciousness does not by itself give rise to a diachronic series: only in the *unity of the moment*, i.e., in its connection with sensible self-consciousness, can it become *actual consciousness that fills time*. As such, it appears as a specific stimulation; its diachronic series articulates temporality. The particular rhythm of this temporality, more precisely, the

---

31. The argumentation of § 5.3 concludes with the exposition of the double approach (*from below* and *from above*). There is a considerable difference from that given in § 10 in the exposition here given of these different perspectives.

32. This aspect is further developed in § 5.5, where the fact that the religious stimulations, as the transcendental synthesis of the feeling of absolute dependence and the determined sensible self-consciousness, are differentiated according to their gradient of intensity, is put forward with considerable efficacy.

rhythm that distinguishes the *historical temporality*,[33] is by nature binary and is articulated in the arsis of the "pleasant," the moment of the promotion of life, and in the tesis of the "unpleasant," the moment of the hindrance of life. It is precisely the "pleasant-unpleasant" sequence that renders the diachronic division of the lived religious experience. It alternatively qualifies the relationship, the transcendental synthesis of both levels of self-consciousness, and outlines the whole of the evolutionary progress towards the *telos* of religious self-consciousness, which is the irreversible hegemony of God-consciousness in every moment of human life. It should be emphasized that the very mode of *temporal becoming* initiates the oppositive rhythm (the temporal opposition) of "pleasant-unpleasant." It *gives rise to the actuality of the phenomenal manifestation* [*zur Erscheinung kommen*] of immediate self-consciousness, which constitutes the unity of the moment by coinciding and connecting with sensible self-consciousness.

In the margins of this complex elucidation, which is given in § 5 dealing with the temporality of the lived religious experience, one finds two emerging themes, which are elaborated in the lessons on dialectics and those on ethics respectively, and which function as premises focusing on the theme of *Zeiterfüllung*, which is "to occupy a temporal moment," and that of historical time, as characterizing ethical productivity.

2) The theme of *Zeiterfüllung* is developed, albeit with fragmentary thematization, in the lessons on dialectics; indeed, it is developed keeping a resolute distance from the understanding of time developed by Kant in the transcendental aesthetics of the first *Critique*.[34] First, time and space are de-

---

33. In this context (§ 5.4) the *historical determination* of temporality is not clarified with particular efficacy; but bearing in mind the intention behind the argumentation here, if one turns one's attention to the presuppositions involved and, above all, recalls the points made (in § 5.3) regarding the teleological qualification of the synthesis established in the religious sphere, then the diachrony of the religious sitmulations can only be defined in terms of historicity. Furthermore, the most conspicuous contribution concerning this point will come from the connection engaged by the religious sphere with ethical productivity, which is eminently history-making energy and defines the domain of *historicity*.

34. In my succint presentation I am considering mainly the following texts of the DO (*Dialektik*, ed. R. Odebrecht, repr. Darmstadt 1976): p. 178ff (especially 246), 253, and the context of the transcendental regression to immediate self-consciousness (pp. 288-294), where one can glimpse an argumentation quite similar to that developed in § 5 of GL2. In any case, it offers many points of contact. Obviously, in the DJ (the Jonas edition of the *Dialektik*) the references would be even more numerous. Here I will limit myself to pointing to, among the material of recent publication, the *Dialektik (1811)*, Hamburg 1986, p. 36f, and *Dialektik (1814/15). Einleitung zur Dialektik (1833)*, Hamburg 1988, p. 47, 59 (n. 204). In the *Dialektik (1811)* the distancing from the Kantian transcendental aesthetics is explicit and evident. It is sufficient for me to draw attention to the denial of the *a priori* formality of time and space and the statement of the double schematism with differentiated functions; it is not only time, as in Kant, but also space, which gives rise to the schematism, 65 (n. 23).

fined as *schema* (Schleiermacher uses the term *Bild*), which can be brought back respectively to the intellectual pole (time) and the organic pole (space), and furthermore as schema of a discriminating determination (such as *filling* with a determined perceptual and noetic content) of an indeterminate *continuum* formed by the multiplicity of impressions, precisely that *void* to be filled with determinants of both noetic content (time) and perceptual content (space). Time, therefore, which in Schleiermacher's dialectics is considered solely in its reciprocal and oppositive relationship to space, is the ideal qualification (the determinant filling) of a being extracted from chaotic multiplicity and raised to the exponent of noetic individuation. So, for example, if the life of a person were represented as an indistinct and chaotic multiplicity in the relationship between self and other-than-self, then time is the series of noetic determinations by which that indistinct chaos is qualified in relation to the ideal; and each of the determination fills the temporal moment, giving rise to the series of temporality.[35]

Naturally, as the temporal filling is serial in character, and as the series of discrete diachronic moments (each of which forms a temporal filling, in the sense explained above) shapes a movement, the temporal schema can be measured. But the point is this: different modes (at least two) of expressing or considering the schema of temporal movement are possible, according to whether the yardstick is drawn from *imagined time*, in which the measurement concerns the movement described in the temporal series, or if the criterion is drawn from *existed time*, in which case the measurement concerns the way, or I should rather say the content, of filling the temporal, or diachronic, moment.[36] Thus, briefly, we have two different schema of movement in time: a) linear before-after movement (mathematical time); b) binary arsis-thesis movement, or pleasant-unpleasant, typical of the *lived time* (which we could call dialectical or, if preferred, ontological time).

Historical time certainly belongs to the kind of lived time, inasmuch as it is qualified precisely by the content filling the temporal moment; and it can be measured (I do not exclude that it can be mathematically measured, but within limits, and undertaking precise precautions) correctly only on the basis of the suitable scheme. This means first of all that the direction of movement

---

35. Cf. DO 181f. Here (p. 182) a definition is given of space and time, which should be emphasized. Particularly concerning time we read: "Zeit [ist] nicht anderes als die organische Weise, dasjenige zu setzen, was wir auf der intellektuellen Seite als Idealen setzen"; and further: "Die erfüllte Zeit [ist] nichts als das Bild des idealen Seins. Das ideale Sein ist der Begriff der erfüllten Zeit."

36. Schleiermacher alludes a number of times to this different notion of time in the lessons on dialectics, often discriminating precisely between the dialectical and the mathematical (and also physical) considerations of time. Cf., e.g., *Dialektik (1811)*, p. 37.

in this temporal scheme proper to lived time is not granted by what comes at the end, as has been claimed by all the philosophies (and all the theologies) of history; following the latter hypothesis, the criterion for the measurement (and the direction) would be borrowed from the scheme of imagined time. Likewise, the idea of *progress*, the claim that what comes after constitutes an *advance* on what has come before, when applied to historical time is indicative of the surreptitious application of the scheme of mathematical time. It is not compatible with, indeed it is even unsuitable for, properly grasping the movement, the temporality of "that which has in itself its own end."

Thus, bearing in mind what has been said so far concerning the temporality of religious self-consciousness and the formal definition of temporality obtained in the dialectics, and anticipating the pith of what will be said in the following point, it is necessary to record the originality of *historical time* in comparison to *mathematical time* and *physical time*. Historical time is connected with the ethical praxis and with the realization of reason, as Schleiermacher states in a very concentrated enunciation: it constitutes a binary-polar time, which measures "what has in itself its own end" (or, seen from a different angle, the causation of freedom). It is not linear time and, therefore, it is susceptible of regression; it contemplates the qualitative "jump" and the absolute beginning,[37] and it does not exclude the possibility of eschatological over-determination (such as that annexed in the last instance by Schleiermacher to the event of redemption, which lies at the origin of, and remains at the heart of, the experience of Christian belief).

3) In the lessons on ethics, the determination of historicity entirely forms the central argument and is the basic theme of the whole treatise.[38] History is conceived as an *ethical process*, in which the temporal determination is not given by the *mathematical linearity* of before and after, of past-present-future, or by the relationship between the temporal ecstasies; the ethical process is governed rather by the *ideal-real* polarity that forms the *diachronic moment* and the ecstasy of the moment in time. The relationship between the ethical process and the temporal becoming articulated in the past-present-future ecstasies, in accordance with the before-after temporal succession of the causality in the inner consciousness of time or the succession of movement, is given by the connection that the *ethical fulfillment* has with *naturalness* and its

---

37. As is well known, this is a problem that assailed the historiography of the Tübingen School, as witnessed in the essay by Baur *Die Tübinger Schule* . . . quoted above.

38. As well as the lessons on ethics, it is necessary to bear in mind also the academic dissertations on ethics, particularly the one concerning the concept of "Highest Good." As I have examined this entire thematic complex in the last chapter of *Ermeneutica e filosofia trascendentale* quoted above, pp. 293-317, I refer the reader there for documentation and for an exhaustive study of Schleiermacher's philosophy of history.

phenomena, which are in fact subject to the modalities of linear movement and of inner consciousness (of the Kantian form *a priori*). Inasmuch as it is a movement of cultivation, civilization and moralization, the ethical activity of reason has a temporal aspect that may be measured in terms of *mathematical linearity*; but this aspect is a result of, not the constituent of, the temporality of the *ethical process*.

Historical temporality forms a *contemporaneity* in historical causation: it is the *hodie* and the *kairòs* of ethical realization or effectiveness. It may be, of course, a moment of the *promotion of life*, i.e., it may be ethically positive; in this case it accomplishes the embodiment of reason in nature. It may be, on the contrary, a moment of a *hindrance to life*, i.e., it may be ethically negative; in this case it appears as anti-reason; it crystallizes history and reduces the vital charge of the ethically active subject, that is, the subject of the production of history. This *historical temporality* is illustrated in the theoretical model of the *three-dimensional arc* in which the experience of faith becomes concrete; it displays the typology of spiritual influence, i.e., of historical causation. Unlike neutral causality, the latter is characterized by immanence; it is not a transient causality and thus it indicates a movement that remains immanent and internal to the *vital circle of the moment*.[39]

The two alternative models of "historical time"

What is history and how should the "historical ground" that Baur talks about be understood? How is the *temporality* proper to *historical time* to be determined? What is the proper determination, the scheme or paradigm, of historical temporality? Can it be brought back to the scheme of the "inner time of consciousness," in its Kantian sense as the *a priori* form of the succession of the moments of inner consciousness, of inner sense? Or should it be considered and perceived in terms of an *expansion-constraint* of life, i.e., as the filling-deprivation of the *present moment*, since this moment is constituted by the existing anticipation of immediate self-consciousness, which in turn is the true and *proper instant*, the *atopon*, the moment without time, the eternal moment, which alone makes the passing and movement of time possible? In short, can historical time be brought back to and be made homogeneous with mathematical time, the *mensura motus* in space? Or is it totally different in kind? Indeed, is there a qualitative difference from the becoming of spatial motion, insofar as it is able to be represented as the *diachronic*

---

39. Cf. the problem of historical teleology as dealt with by Schleiermacher in a manner antithetical to that of Baur: *Ermeneutica e filosofia trascendentale* cit., pp. 310ff.

manifestation of the identical, i.e., the self-identical existing energy? If this is so, then it can only be considered as contemporaneity in the moment of vital expansion of multiple constituents, following the scheme of the intelligibility of history-making production, i.e., of spiritual influence.[40]

Actually, there seem to be two major differences that give rise to the divergence in the two notions of time. 1) While in the scheme that displays historical time following the paradigm of mathematical time, *ideality*, which defines the sense of temporal becoming, is extrapolated by the movement itself and by *historical time*. In the perspective of *historical time as diachrony of the identical*, *ideality* is located within the temporal movement itself as transcendental reason, as the intrinsic motive of the *existing variation* within which diachrony and history-making are articulated. It is to be added also that the paradigm of mathematical time might be understood from different viewpoints, according to whether one wants to emphasize or use as a basis one or another of the temporal ecstasies: for example, the past, in the temporal vision of the Augustinian theology of history (at least as it is presented by some scholars, such as H. Grundmann) or in the conception of realized eschatology; the present, in the conceptions of a large part of the "historical school" and Hegelian historicism; or, the future, in Heidegger's understanding of historicity and in Bultmann's understanding of eschatology, which was inspired by it.

2) Mathematical time consists essentially in its *mensura*, i.e., in its being *imagined* (*distensio animi*), projected back into the past or forward into the future, with a reflective operation, which is nevertheless endowed with existential incidence and thus with an indexation that may be observed on the plane of existence. Historical time, on the other hand, consists essentially in its *being lived*, that is, first of all, in its *having existed* and then (in a second, reflected movement) considered and understood, or also imagined; but, in this case, the imaginary does not constitute time or, as Kant has it, does not form it by exhibiting it in an intuition,[41] and its ideality is not external to its actuality but rather is within it, as was stated in the previous point.

---

40. Concerning this cf. the three-dimensional historical arc formulated by Schleiermacher as the historical axis of the experience of faith.

41. Cf. *Critique* ... (B 741f).

THE OTHERNESS OF GOD:

SCHLEIERMACHER AND BARTH

Vincenzo Vitiello – Salerno

I. The Religious Anti-humanism of Schleiermacher and Barth.

1.1 Premise.
The confrontation proposed here between the position of Schleiermacher and that of Barth does not have historiographical intentions, i.e., it does not wish to reconstruct historical worlds or describe spiritual atomspheres in order to follow and explain the formation of the thought of the two authors, the interweaving with the thought of others, and the various influences exerted and received, nor does it intend to measure the accuracy or the correspondence of Barth's criticism of Schleiermacher. Its aim is different: to identify the "problem spots" of both authors, thereby indicating, far more than their subjective intentions and their conscious theoretical programs, what exactly happens with and in their thought. Briefly, it is a matter of outlining the contours of a particular sector of the topology of the religious. The criterion functioning here as a guide is more spatial and local than temporal, since a topology can be historical only insofar as it is primarily a source of history. If it too falls into history is a problem we cannot even touch on here: in fact, it would require a preliminary discussion concerning what is meant by "history," and thus the various possible levels of "historicity." Ours is a different problem, which concerns the confrontation between the positions of Schleiermacher and Barth on the theme of "the religious."

In order to set up a confrontation between Schleiermacher and Barth it is necessary first to define the ground common to them both. I believe that it can be identified in the theme of the "Other," i.e., the non-worldly, non-being, that which is beyond the relationship of humanity with the world. In order to clarify these abstract definitions, I would like to turn to the thought of our two authors, beginning with Schleiermacher.

1.2 Schleiermacher: "humanity is not my all."
In Schleiermacher's *Reden über die Religion*, religion is seen to be on one side and metaphysics and morality on the other. These define two opposite viewpoints and attitudes in human beings. Metaphysics and morality

> sehen im ganzen Universum nur den Menschen als Mittelpunkt aller Beziehungen, als Bedingung alles Seins und Ursach alles Werdens; sie will im Menschen nicht weniger als in allen andern Einzelnen und Endlichen das Unendliche sehen, deßen Abdruk, deßen Darstellung. Die Metaphysik geht aus von der endlichen Natur des Menschen, und will aus ihrem einfachsten Begriff, und aus dem Umfang ihrer Kräfte und ihrer Empfänglichkeit mit Bewußtsein bestimmen, was das Universum für ihn sein kann, und wie er es nothwendig erblicken muß. Die Religion lebt ihr ganzes Leben auch in der Natur, aber in der unendlichen Natur des Ganzen, des Einen und Allen; was in dieser alles Einzelne und so auch der Mensch gilt, und wo alles und auch er treiben und bleiben mag in dieser ewigen Gährung einzelner Formen und Wesen, das will sie in stiller Ergebenheit im Einzelnen anschauen und ahnden. Die Moral geht vom Bewußtsein der Freiheit aus, deren Reich will sie ins Unendliche erweitern, und ihr alles unterwürfig machen; die Religion athmet da, wo die Freiheit selbst schon wieder Natur geworden ist, jenseit des Spiels seiner besondern Kräfte und seiner Personalität faßt sie den Menschen, und sieht ihn aus dem Gesichtspunkte, wo er das sein muß was er ist, er wolle oder wolle nicht.[1]

The thesis of the intuitive character of religion should be related to this intention to transcend the man-world relationship, to this intention to *decentralize* man. The systematic connections are the outcome of the *spontaneity* of thought, that is, of the actions and deeds of human beings, of the *part* on the Whole. The receptivity of intuition instead manifests the action of the Whole on and in the part. Schleiermacher's religious anti-humanism goes so far as to assert that the infinite chaos, in which without any doubt each point represents a world, is, in reality, precisely as such, the most suitable symbol of religion.[2] In this "anti-humanism" the determination of the religious is more profound, essential, and original, than the very figure of God. Addressing his interlocutors, the cultured despisers of religion, in a crucial point of the second speech, in which he deals with the "essence of religion," Schleiermacher states: "Nun aber habe ich Euch deutlich genug gesagt, daß die Menschheit nicht mein Alles ist, daß meine Religion nach einem Universum strebt, wovon sie mit allem was ihr angehört, nur ein unendlich kleiner Theil, nur

---

1. *Über die Religion. Reden an die Gebildeten unter ihren Verächtern*, KGA I/2, pp. 211f.
2. Ibid., p. 216.

eine einzelne vergängliche Form ist: kann also ein Gott, der nur der Genius der Menschheit wäre, das höchste meiner Religion sein?"[3]

1.3 Barth: "'sacred history' the permanent crisis of all history."

When we turn to Barth – and here I am referring to the second edition of the *Römerbrief* – we find many passages where *religious anti-humanism* finds more forceful expression. Everything that is human, that is historical, that is worldly, is condemmned as such because it but points to sin and death. The infinite qualitative difference that separates God from man leads both to the rejection of religion and faith, inasmuch as they are a work of man, and to the very figure of God, inasmuch as God is an image of man. Faith is truly faith only insofar as it does not claim any historical or psychological reality but is ineffable divine reality.[4] So-called "sacred history" is only the permanent crisis of any history, not a hystory in history or alongside history.[5]

It is precisely here, in what appears to be the same in Schleiermacher and Barth, in that ground common to them both, that their distance and difference emerges. But let us proceed with caution: it is not the difference between one who intuits the Other, the Infinite, in the finite (Schleiermacher), and one who perceives in the Other, in God, only the negation of the finite, the worldly, and the human (Barth). The difference cannot be characterized as one between transcendence-immanence and absolute transcendence. For Barth, the totally Other, the absolutely Transcendent is the very site of history, of existence, of humanity, and of the single man in his individual individuality. He writes in the *Römerbrief*:

> Wir heben . . . alle Gleichheit auf zwischen dem Augenblick der letzten Posaune und allem, was vorher und nachher ist, und verkündigen damit die Gleichzeitigkeit aller Zeiten, alles dessen, was vorher und nachher ist, weil wir kein Vorher und kein Nachher mehr sehen, das nicht in seiner ganzen Andersartigkeit im Lichte dieses Augenblicks stünde, an seiner Würde und Bedeutung teil nähme. Gottes Gericht und Gerechtigkeit verbürgen uns in ihrer echten Transzendenz Gottes echteste Immanenz.[6]

In what then does the difference between them lie? If we wish to use a formula, we can say that in Schleiermacher and in Barth the same relationship – the transcendence-immanence relationship – presents itself in con-

---

3. Ibid., p. 243.
4. *Der Römerbrief*, Zürich 1954, p.16.
5. Ibid.
6. Ibid., p. 91.

traposed forms: for Schleiermacher it is the Infinite in the finite; for Barth it is the finite in the Infinite. But this formula says very little, if anything at all. In fact, the difference is between two quite different, indeed opposite, ontological conceptions. It is on this that we must now concentrate.

II. Conflict between Opposite Ontologies.

2.1 Feeling and word.

At the outset, and as the guiding thread of our analysis, let us take the essay that Barth dedicated to Schleiermacher in *Die Protestantische Theologie im 19. Jahrhundert*.[7] The fundamental passage in this work is the one in which the theologian from Basel examines the relationship between "feeling" and "word" in Schleiermacher's conception.

Feeling is understood by Barth to be for Schleiermacher the privileged site of the "religious," the place where man opens himself to the "Woher," to the absolute Whence of his being-there, i.e., to God. Conversely, it is also the place where the *Woher*, God, reveals himself. In feeling God is given to us not as something *objectifiable*, something in front of us, but rather as the co-determinant factor of the feeling itself.[8]

The word, by contrast, is secondary for Schleiermacher. It is the translation of feeling into the truth of the intellect. It is a moving away from the original source. Therefore, of the three forms of language – the poetical, the homiletic and the descriptive-didactic – Schleiermacher favors the first, because it is the one closest to feeling. In addition to the language of the word there is the language of music. As Schleiermacher wrote in *Weihnachtsfeier*: "And it is a singing piety . . . which ascends most gloriously and directly to heaven."[9] However the divine as such is and remains ineffable: "The talk about religion will be replaced one day by the 'sweet silence of holy virgins'."[10] Barth discerns therein the testimony of the "privacy" of feeling, which (assumed as the privileged place of the religious where the divine manifests itself) lowers God to the standards of man. And against this view Barth maintains the primacy of the Logos, of the Word, with great vigour. For Barth, it is only in the Word that God makes himself *objective*. It is only through the Word that man can know the *objectivity* of God, his Otherness.

It is clear that, for Barth, the Word is not the language of man but the very language of God: "En arche en o Logos." The first two volumes of his

---

7. *Die protestantische Theologie im 19. Jahrhundert*, Zürich 1947.
8. Ibid., p. 418.
9. Friedrich Schleiermacher, *Christmas Eve. Dialogue on the Incarnation*, trans. Terrence N. Tice (San Francisco: EM Texts, 1990), pp. 47.
10. *Die protestantische Theologie im 19. Jahrhundert*, p. 406.

Kirchliche Dogmatik are devoted precisely to the *Lehre vom Wort Gottes*, to the doctrine of the Word of God. In it he asserts the ontological primacy of language against the ontological primacy of feeling. I insist here on emphasizing the ontological character of feeling because, it seems to me, that the incomprehension of this aspect explains the orientation of Barth's criticism of Schleiermacher. But what is one to understand by the *ontological character of feeling*?

2.2 The feeling of absolute dependence.

In Schleiermache's view, the feeling of absolute dependence, religious feeling, accompanies not only this or that human attitude or behavior but every behavior and attitude, every disposition, be it receptive or active, passive or spontaneous. It is the fundamental trait of man's being-there: the revelation (Schleiermacher says the self-consciousness) of the *Faktizität*, of the facticity, of our existing. Every worldly behavior and attitude, every cognitive or practical relationship-to-the-world, presupposes this "fact," which, therefore, cannot be seized or made the object of our acting, because any activity that attempts to seize it or to dominate it in some way is already presupposed by it. And it is necessarily presupposed by it. That – the fact, the pure fact of being-there – is the insurmountable *Prius*, the impassable *otherness* of our sameness. If the latter, our sameness or identity, is the *cogito* (with the amplitude of meaning it already has in Descartes), the former, the otherness, is the *esse* of the *cogito*. It is not the *sum*, but the *esse*, the pure, simple *esse*, the "that is," the indistinct *quod* of which every particular and finite being – from the *cogito* to the stone – partakes.

Religious feeling, *qua* the feeling of absolute dependence, is rooted in this otherness. Not only is it not subjective – anthropocentric – but it also de-subjectifies the subject, dis-locates man from his centre. Let us recall what we read in the *Reden*: "[D]ie Religion athmet da, wo die Freiheit... wieder Natur geworden ist... faßt sie den Menschen... aus dem Gesichtpunkte, wo er das sein muß was er ist...."[11] The primacy of feeling over concept, of piety over theology, is thus based on the conviction that any attempt to go beyond this religious feeling leads to the creation of an "empty mythology" or, at best, a metaphysics that, if it has any truth at all, has so only insofar as it is animated by the feeling of the Infinite, i.e., only insofar as it has a "religious" ground. As Schleiermacher exclaimed:

> Opfert mit mir ehrerbietig eine Loke den Manen des heiligen verstoßenen Spinosa! Ihn durchdrang der hohe Weltgeist, das

---

11. *Reden*, p. 212.

Unendliche war sein Anfang und Ende, das Universum seine einzige und ewige Liebe....[12]

2.3 Feeling or intuition?

Is feeling or intuition the foundation of religion? It is not possible to give an univocal answer to this question. There is some ambiguity in Schleiermacher. But it is a meaningful, instructive ambiguity, upon which it is necessary to dwell. Let us try to understand the distinction between them. In the *Reden*, feeling indicates the intensity of the presence of the Infinite in the finite, i.e., it is the force with which being-there is conscious of and feels its absolute dependence, its "that it is," its facticity. We can also say that feeling is the *natural* side or moment of human being-there. Intuition, on the other hand, is the *notion* of this natural side or moment. It is the immediate perception, the first expression, the original consciousness of the facticity of being-there, or of the infinite *esse* in the de-termined, de-fined *cogito* and *volo*.

Schleiermacher points out that if every intuition is by its nature connected to a feeling, nevertheless in religion there is a different and firmer relationship between intuition and feeling, and the former never so predominates that the latter almost completely disappears.[13] Here the possibility is expressed that feeling disappear in intuition, that the intensity of the relationship of the finite to the Infinite languish in its expression so as to disappear almost completely. In this case, there would be no more religion, for which feeling is essential. But is the contrary a possibility, that of feeling without intuition? Apparently not. Let us read again a passage from the second speech, where the original experience of the "religious" is described:

> Ich liege am Busen der unendlichen Welt: ich bin in diesem Augenblick ihre Seele, denn ich fühle alle ihre Kräfte und ihr unendliches Leben, wie mein eigenes, sie ist in diesem Augenblike mein Leib, denn ich durchdringe ihre Muskeln und ihre Glieder wie meine eigenen, und ihre innersten Nerven bewegen sich nach meinem Sinn und meiner Ahndung wie die meinigen. Die geringste Erschütterung, und es verweht die heilige Umarmung, und nun erst steht die Anschauung vor mir als eine abgesonderte Gestalt.[14]

It is evident that, from the beginning, feeling has intuition as its companion. Furthermore, as the investigation becomes deeper the relationship between feeling and intuition becomes ever closer, up to the open admission

---

12. *Reden*, p. 213.
13. Ibid., p. 218f.
14. Ibid., pp. 221f.

that both are something only when and because they are originally one single undivided thing.[15] And, moreover, how could there be feeling without a notion of itself, without intuition or consciousness? We must remember, however, that here we are dealing with an altogether unique feeling: the feeling of absolute dependence. In this we are before the radical "passivity" of our being-there considered in its *pure facticity*.

2.4 Self-consciousness.

If feeling is identical with the feeling of absolute dependence, with the passivity of its being-in-fact, can it as such be consciousness of itself? Can self-consciousness be identified with absolute "passivity"? The tendency of the *Glaubenslehre* to identify feeling with self-consciousness is beyond doubt. § 3 defines religiosity as the *Bestimmtheit* of feeling, that is of immediate self-consciousness. And § 4 asserts: "Wir uns unserer selbst als schlechthin abhängig, oder, was dasselbe sagen will, als in Beziehung mit Gott bewußt sind."[16] Indeed, "absolute dependence" and "relationship with God" do not mean the same thing. The relationship with God indicates something more: the Whence, the *Woher*, to which we trace back our absolute dependence or facticity. At the point where self-consciousness prevails over feeling, completely assimilating it within itself, then something which is *other* with respect to the pure facticity of existing, which is *other* with respect to the *otherness* of being-there to itself, is established. A transcendence of transcendence is established, a transcendence that is not *in* the being-there, but *outside* of it. It is an *objective* transcendence, i.e., it is objectified, placed before, in front of the subject that represents it. It is an objectivity that is the consequence not of the *passivity* but of the *spontaneity* of being-there as being-conscious, as representing. And, in fact, self-consciousness as the reflection of feeling on itself is not, nor can it ever be, dependent in the same way as the feeling of which it is the reflection. Consciousness of dependence is not dependence but the identity with itself of that. The identity that is the result of an act, the act of identification, which in order to be other, different from that which it identifies, is not only passive but also spontaneous; it is not merely receptive but at the same time receptive and active.

Now, if self-consciousness signifies a subject, then it is precisely this *objective* transcendence, this divine otherness objectified, represented and placed before the subject, which has the character of an irreducible sujectivity. In fact, it is the work of the subject. Schleiermacher is well aware of the danger he is running into. It is the danger of rendering God *subjective*, as a

---

15. Cf. ibid., p. 221.
16. *Der christliche Glaube*, 2nd ed., Berlin 1960, vol. 1, p. 23.

product of our consciousness. Therefore, he tries to defend himself by tying self-consciousness to feeling as much as possible. In fact, he affirms that the representation of God "is nothing but the expression of the feeling of absolute dependence," constituting "the most immediate reflection on the same."[17] But reflection, albeit tied to feeling, is distinct from it, just as the consciousness of God – the *Woher* of our facticity – is distinct from self-consciousness, from the consciousness of our *facticity*. The ambiguous relationship between feeling and self-consciousness, between passivity and spontaneity – between *esse* and *cogito* – is for Schleiermacher not *the* problem of the "religious" but rather the solution in that the two terms become identified, with the single result of subordinating feeling to self-consciousness. It is from this that the subjectivism, the anthropocentrism, the ethical historicism, and the *Christian humanism* of the *Glaubenslehre* arises.

2.5 Faith, the work of God.

Can one conclude that Barth's criticism is on target? It is certainly on target if we limit ourselves to the facts. How can one deny that Schleiermacher "passes through the mystical sanctuary" but "swiftly, without lingering"? and that "exactly there where true mysticism desires to stop, and preferably to stop for good, in the pure finding itself before God and in the identification of God and the soul, just there in Schleiermacher one is pushed forward rapidly, and unequivocally, from interiority to the molding action, from reflection to construction"?[18] How can one deny that Schleiermacher finally reduces the "religious" to a cultural phenomenon, to the elevation of the human? But if from the facts we pass on to the motivation of the facts, then we have to say that Barth's criticism goes in a direction completely opposite to the one that should be followed, if the problem of the "religious" is the problem of the "Other". Let us try to clarify this point, dwelling on the one particular theme of faith, i.e., of man's relationship with God.

According to Barth, Schleiermacher has dealt with faith from the perspective of man's act in relation to God, while neglecting the other aspect of God's action in relation to man. Naturally Barth is not unaware that religious feeling, as man's openness to God, corresponds to God's action in relation to man. But divine action is considered by Schleiermacher to be always and only *a parte hominis*. And it could not be considered otherwise so long as faith is assumed to be "feeling," an act that is man's own. Schleiermacher's conception is a reversal of that of the Reformers, who saw in faith "the work of the Holy Spirit in man." Referring to Luther and Calvin, Barth asserts that the

---

17. Ibid., pp. 29f.
18. *Die protestantische Theologie*, p. 390.

doctrine of the Trinity knows God not only "as the Word of the Father addressed to man," but also "as the Spirit of the Father and of the Word that enables man to perceive the Word."[19] Not only the Word of God but also man's listening, the human cor-respondence to the Word, is the work of God.

Viewed more closely, the criticism of subjectivism that Barth accuses Schleiermacher of, repeats the logical scheme of Hegel's critique of the cosmological proof of the existence of God. Just as the necessary, absolute cause to which one gets back when one starts from contingent beings is really neither absolute nor necessary as long as contingent beings are posited and maintained outside it, as long as the contingent is posited as condition of the Cause,[20] so God is not really *Other*, the divine Word is not radically *other* than human language, as long as feeling remains the (human) *site* of divine revelation and the condition of this revelation. The absoluteness of God – his "otherness" in comparison with man and the world, to human and worldly relationships – does not tolerate any condition outside Himself, any worldly human condition.

2.6 Barth's Hegelianism.

Barth's closeness to Hegel here is extreme. What they share in common is the conviction about the ontological primacy of the Logos. And on the ground of this primacy they criticize and, at the same time, revalue feeling. And they do this with exactly the same arguments. In Hegel, the subjective feeling is the Logos itself, even if in its immediacy, even if it is unconscious. In Barth, *human* faith is "the effusion of the Holy Spirit."[21] It is quite evident that it is the *spiritual, logical* side of feeling that is revalued. This means that the revaluation of feeling – in general of the subjective and of the human – is actually nothing other than the expression of the tyranny of the Logos that, not tolerating anything by its side, assimilates everything into itself. The cosmological proof is accepted but with a corrective that transforms it *radicitus*. The contingent is not outside the necessary but is a moment of it. And this means that the contingent is necessary not for itself but rather for the other, of which it is a moment. Faith too is a "moment" of God.

Naturally Barth is fully aware of his proximity to Hegelian thought. And he does not fail to emphasize it in the pages dedicated to Hegel in *Die Protestantische Theologie im 19. Jahrhundert*. There is only the *embarras de choix* regarding the examples one could give. However, there is one point we do not wish to omit drawing attention to: Barth's insistence on the character

---

19. Ibid., p. 410.
20. Cf. *Vorlesungen über die Philosophie der Religion*, Frankfurt 1970, p. 27-29.
21. *Die protestantische Theologie*, p. 414.

of event, act of Hegelian reason and on the unity of knowledge and praxis, vision and participation. He writes:

> Hegel sieht Leben, freilich Vernunftleben, Geistesleben, das Leben der Wahrheit, aber Leben in der vollen Bewegung des Lebens. Nur ein Kaleidoskop oder der laufende Film des Kinematographen könnte hier die erwünschte Anschaulichkeit bieten. Was hier System heißt, das ist die genaue Erinnerung an die geschaute Fülle des Lebens. Nur als solche Erinnerung hat es Bestand und Gültigkeit und nur dann, wenn die Erinnerung selbst Ereignis, fortwährend neue Erzeugung der Schau selber ist. Und was dieses System zum System macht, die durchgehende Ordnung und Regelmäßigkeit dieser Erinnerung, ist nichts Anderes als der in der Fülle der Geschichte durchgehend wahrgenommen Rhythmus des Lebens selber.[22]

In these pages, where Barth seems to be speaking about himself even though he is speakig of Hegel, there is not even the shadow of the abused contraposition of method and system, with the consequent rejection of the system in the exaltation of the method. Barth sees the profound unity of method and system, the complete resolution of the system in the movement of the method. Knowing and the object of knowing are the same thing: the absolute event. Therefore, at the highest summit of this knowing – in the knowing of knowing – we find the identity of truth and history, of God and history:

> So gründlich ist hier die Geschichte in die Vernunft eingegangen, so grundsätzlich ist hier die Philosophie Geschichtsphilosophie geworden, daß die Vernunft, der Gegenstand der Philosophie selber ganz und gar Geschichte geworden ist, daß sie sich selber nicht anders verstehen kann denn als ihre eigene Geschichte, und daß sie umgekehrt in der Lage ist, in aller Geschichte sofort sich selbst in irgend einem Stadium ihres Lebensprozesses und, sofern das Stadium das Ganze erraten läßt, auch in ihrer Ganzheit wieder zu erkennen.[23]

2.7 Barth's critic of Hegel.

The affinity between the two positions – that of Hegel and that of Barth – is such that Barth feels the need to define his diversity, his distance, from Hegel. The critiques he makes of Hegel answer this need. But they are critiques that do not hold. First of all, let us recall the criticism that "the

---

22. Ibid., p. 357.
23. Ibid., p. 358.

Hegelian doctrine of the Trinity coincides with the fundamental principle of Hegelian logic, which is at the same time manifestly the fundamental principle of Hegel's anthropology and doctrine of life."[24] Barth here shows an evident limitation in his historical perspective. If Hegel's doctrine of the Trinity is modelled on the principle of Logic, this comes about, and can come about, only because the fundamental inspiring motive of Hegelian Logic is precisely the trinitarian conception of Christianity. Behind Hegel and Barth stands St. Augustine's *De Trinitate* with the affirmation that the being of God is all in his revelation, in his manifestation. The *dynamic* relationship of the Trinity – "misit Deus Filium suum" – is explicitly presented as self-relatedness: "A Patre et Filio missus est idem Filius" (II,5.9). St. Augustine maintains *contra* Plotinus, against the theory of the two *energeiai* of the *en*, that nothing in God remains *eiso en bathei*, in his profundity. Referring to the Scriptures, he affirms that the Son is *Candor lucis*, not *Lux lucis*, "so that nobody believe that the light he emanates is darker than that from which he emanates" (IV,20.27). It is on this *theoretic* horizon, dictated by Johannean-Augustinian Christianity, that the entire Hegelian system is to be read, whose formal structure is displayed in the *Science of Logic*. Particular significance is assumed in this regard by certain celebrated expressions of Hegel. For example, on the final page of the *Phenomenology*, which is the "cypher" of his thought, Hegel writes: "*[das] Ziel ist die Offenbarung der Tiefe."*[25] Now, if in Hegel the principle of Logic is at the same time the principle of anthropology, does this not mean that the *roots* of "humanism" (i.e., of the reduction of the "religious" to the human and worldly) are already in the Johannean-Augustinian tradition of Christianity? "Hegel," Barth continues, "in his description of man's relationship with God did not stop before the concept of sin," having made it "fall within the unity and necessity of the spirit."[26] This criticism is also somewhat unconvincing. This is because sin too forms part of divine history with man's acting in relation to God within the work of God once assumed. And even less convincing is the consequent criticism of Hegel, i.e., to "the reconciliation not as a new, incomprehensible principle, but simply as a continuation of the single event of truth, identical to the being of God himself."[27] And, in fact, did not Barth himself assert that the "No" of God's judgment of condemnation is subordinated to the "Yes" of His Grace? Barth writes in the *Kirchliche Dogmatik*:

---

24. Ibid., p. 425.
25. G.W.F. Hegel, *Phänomenologie des Geistes*, ed. J. Hoffmeister, Hamburg 1952 (2d ed.), p. 564.
26. *Die protestantische Theologie*, p. 424.
27. Ibid.

> Gottes Souverenität bewährt sich nicht nur darin, daß sein Geschöpf ihm nicht entfliehen kann, daß er auch in seiner Verdammnis seinen Willen vollstrecken muß. Sie bewährt sich darüber hinaus darin, daß das letzte Wort, das Gott ihm zu sagen hat, das positive Ziel seines Willen unerschütterlich seine Seligkeit ist und bleibt.[28]

The thesis of gratuitous election as the conclusion of the Gospel and the Christocentric character of Barth's theology – precisely inasmuch as they are coherent developments of the Johannean-Augustinian conception, according to which the being of God is his Revelation – do not consent to draw the line of demarcation between Hegel's and Barth's fundamental positions. It seems, however, that on at least one decisive point, Barth is far from Hegel, and that is where he affirms the absolutely free nature of God's decision in favor of man:

> In freier Bestimmung hat Gott über sich selber verfügt, sich selber bedingt ... Im Anfang, vor dieser unserer Zeit und vor diesem unserem Raum, vor der Schöpfung und also bevor eine von Gott verschiedene Wirklichkeit Gegenstand seiner Liebe, bevor sie der Schauplatz der Taten seiner Freiheit sein konnte, hat Gott in sich selber (in der Kraft seiner Liebe und Freiheit, seines Wissens und seines Wollens) dies vorweggenommen, dies schon bestimmt als das Ziel und den Sinn seines ganzen Handelns mit der Welt, die noch nicht war: daß er in seinem Sohn dem Menschen gnädig sein, daß er sich ihm verbinden wollte.[29]

The difference between Barth and Hegel lies in the freedom of God against the necessity of God. Precisely because it is the logic of man, the logic of concept, Hegelian logic cannot think of the becoming of Revelation other than as a necessary event. But God's decision evades all human logic. However, one must ask oneself in what God's "free decision" consists. In the passage quoted above there is a parenthesis: "God (in the strength of his love and of his freedeom of his knowledge and of his will). ... "[30] God's decision seems to correspond to his essence: love, freedom, knowledge, and will. The decision is free not in the sense that God could have decided otherwise (besides would this freedom characteristic of the finite subject not be unworthy of God?) but in the sense that it is not determined or conditioned by anything. God's decision *ex sese oritur*. However, this freedom is just the freedom

---

28. *Die Kirchliche Dogmatik*, II/2, *Die Lehre von Gott*, Zürich, 1960 (3d ed.), p. 30.
29. Ibid., pp. 108f.
30. Ibid.

that Hegel recognizes as proper to the concept. This, moreover, is the same freedom of the Spinozian Substance when it has become transparent to itself, that is, when it has become Subject. Better still: when *it has revealed itself as* Subject.

III. The Tyranny of the Logos.

3.1 The negation of the Other.

The ontological primacy of the Logos cancels the difference between God and man. And here the reference is not to the final redemption, to the *eschaton*, to the Johannean "ut sint consummati in unum" (17,23). The reference is to the initial moment of revelation. We have already said that the Word of God is not human language. God "comes toward man in his word," and only in this way becomes known. God is not the object of human knowledge, except when he himself objectifies himself by revealing himself. Barth makes every effort to keep God and man distinct: *Deus coram homine, homo coram Deo*. However, if only the language of God is the *medium* that allows man's knowledge of God, and if this divine language is not other than God (Barth remembers, and how could he not remember? that not only "Verbum est apud Deum" but also that "Verbum erat Deum"), then God and man do not face each other if not *in* God. Then, as regards the attempt to distinguish the objectivity proper to God from the "creatural objectivity" in which God makes Himself known to man,[31] it is clear that in this way the problem is only displaced but certainly not resolved. This is because either the creatural objectivity too falls within the sphere of the divine or it is *other* than God: in the first case one would have knowledge of God *in* God, in the second case knowledge of *other* than God outside God.

3.2 The limit of the Logos.

The Logos does not give room to otherness. Nor does it manage to remain enclosed within itself, satisfied in and of its compact Identity. If we return to the cosmological proof, in the formulation corrected by Hegel, we realize that a fundamental passage therein remains unexplained: the passage from necessity to the contingent, or if we wish, from what is necessary *per se* to what is necessary *per alium*. This is like saying, in reference to the entire Hegelian system, that the arising of the intellect, of the force that divides, of the *ungeheure Macht des Negativen*, remains unexplained. *It is – because it is*.

---

31. Cf. E. Jüngel, *Gottes Sein ist im Werden*, Tübingen 1976, p. 127.

It is a fact, a simple brutal fact, just as, in Barth, God's *decision* remains unexplained. It is true that he asserts *Augustinianly*:

> Wir haben nach keinen anderen [Gott] als nach ihm zu fragen. Wir werden in keiner Tiefe der Gottheit einem anderem als ihm begegnen. Es gibt keine Gottheit an sich. Sie ist die Gottheit des Vaters, des Sohnes und des Heiligen Geistes.[32]

When Barth, however, affirms that God's decision to reveal himself in the Son "once taken, forms part of the same essence of God," whence "God could not be God without the Son,"[33] he clearly makes the essence of God depend on the decision. Thus the decision is *before* the essence, that is before love itself, by which the divine decision is said elsewhere to be inspired. So the decision too, is a *fact*, a pure, simple, brutal fact, behind which it is not possible to go. It is not possible not only for us but also for God, since only starting from that decision did his knowable essence, his revealed essence, his self-consciousness, constitute itself. The decision, therefore, de-monstrates not God's freedom but his absolute necessity. God's decision, God's will from which his trinitarian essence descends – love and knowing, the will itself inasmuch as it is illuminated by loving and knowing – is thus the un-willed of the will, the un-known of knowledge. If the Trinity is the *ideal eternal history* of God, the decision is the *natural prehistory* of God. It is the presupposition, the limit of God.

Plotinus reappears behind St. Augustine. It is not true that *"en arche en o logos."* The Logos, the Nous is only *theos deuteros*, the second god. And here, clearly, the Logos is not only the Son but also the Trinity. It is revelation, the creation, the gratuitous election, the redemption, the entire divine-human, eternal and temporal, history of being. Now, it is not within this history that the *otherness* of God takes place. The otherness, the *very* otherness is beyond this history. It is the otherness that installs itself in the heart of the *Deus revelatus*, the insurmountable otherness of God's decision to reveal himself, the irreducible otherness of the *fact* of revelation. This is then the *mystery* of creation, the wonder of all wonders: *that being is*.[34] It is the fact, the *simple fact* that being is. Wonder and mystery not only for man, but for man as for God. Because what has been said, His decision is unknown to God too; rather, unknowable, if all knowledge, if his own self-consciousness precedes from that decision.

---

32. *Die Kirchliche Dogmatik* II/2, p. 123.
33. Ibid., pp. 160f.
34. M. Heidegger, *Nachwort zu: "Was ist Metaphysik,"* in *Wegmarken*, Frankfurt/Main 1978, p. 305.

The Otherness of God: Schleiermacher and Barth

On this boundary line marked by the decision that separates the *Deus absconditus* from the *Deus revelatus*, we can again meet Schleiermacher, the Schleiermacher of the *Reden*, for whom a "miracle" does not mean anything other than "the immediate reference of a phenomenon to the Infinite." It is *immediate* in that it escapes and eludes the mediation of a concept, of the Logos. What is the extent of the "miracle"? Schleiermacher writes that "Wunder ist nur der religiöse Name für Begebenheit, jede, auch die allernatürlichste und gewöhnlichste . . . ist ein Wunder."[35] A miracle is the simple *being-fact* of every fact, *daß es ist*, the fact that it is. A miracle is the *otherness* of the *same*, the *in-finity* of the *finite*.

3.3 Sin. The anguish of God.

So that the *sobriety* of finite reason is not replaced by the enthusiasm of feeling, we must always bear in mind that the wonder of all wonders, the miracle "that the being is," is at the same time sin. It is the supreme sin of the separation from the One, of the negation of the Perfect, of the *aplos on*. It is the sin of God. By this sin God Himself is involved in the history of man. The redemption of man is thus the redemption of God from God's decision. Man must save himself from this redemption. Man? only man? Man and God. Knowing and speaking must save themselves from this redemption. The being must save itself: *sozein ta phainomena*. It is here that the anguish of man, which is the anguish of God, installs itself: the anguish of the *Deus revelatus* con-stricted between the *mystery* of revelation, of self-consciousness, of the *sin* of creation, and the *mortal destiny* of redemption. It is between the "No" of the condemnation of sin and the "Yes" of Grace. The Cross is the symbol of this di-stress of the man-god, of man and of God. We must assume this *symbol* not as a *momentum*, a passage, but as a *limit*. It is the limit that keeps the No of time, of the separation and of sin, the No of revelation and of creation divided from the Yes of the eternal, of redemption and of Grace. Divided and yet united. Divided and united in their contradiction.

The *Römerbrief*, its entire problematical constellation, resolves this theme, without ever fully mastering it. Here it is stated: "To be religious man signifies being a lacerated, disharmonious, unpeaceful man."[36] The laceration lies in that no word of man is capable of expressing the infinite qualitative difference that separates God from man. The very Epistle to the Romans, not only the Barthian commentary, but the Epistle, that is, not only Barth, but also Paul the Apostle, divides the common destiny of condemnation, the No of judgment. On the other hand the condemnation itself, the No

---

35. *Reden*, p. 240.
36. *Römerbrief*, p. 247.

of judgment, can be understood only in relation to the antecendent Yes of Grace, which, when pronounced, expressed in human words, has already decayed into a worldly fact, into a deed subject to the negation of judgment. No and Yes, condemnation and Grace, alternate uninterruptedly. Where you expect one you find the other, and vice-versa. It is an inquietude that does not even manage to be itself because it is always *menaced* by quietude, by the possibility of quietude, by the Grace that denies the *sin* of being. Barth displays incredible acumen in investigating this inquietude by also exposing the attempts at "escape." Nevertheless not even he was able to find abode in this inhospitable non-place of the religious laceration, of the contradiction. As a *believer* – not as a "religious man" who, facing the *bound* of the Cross, keeps God at a distance, in order not to lose himself in the depth of His Silence, of His Necessity, of His Nature – he felt the need to come out of the inquietude to meet the Word of God.

That in the divine Word he found the same laceration as in the human word, is very instructive for us, who, as philosophers, are always called again to question ourselves about this problem, the problem of the relationship between the Word and the Other, the Word and Silence. And we are called by the Word itself, within the place that we, as human beings, are destined to inhabit.

SCHLEIERMACHER: STUDIES-AND-TRANSLATIONS

1. Friedrich Schleiermacher, **Brief Outline of Theology as a Field of Study**, Terrence N. Tice (trans.)
2. Friedrich Schleiermacher, **On the Academy**, Terrence N. Tice and Edwina Lawler (trans.)
3. Friedrich Schleiermacher, **Sermons on The Christian Household**, Dietrich Seidel and Terrence N. Tice (trans.)
4. Friedrich Schleiermacher, **On Music**, Albert L. Blackwell (trans. and introduction)
5. Herbert W. Richardson (ed.), **Friedrich Schleiermacher and the Founding of the University Of Berlin: The Study of Religion as a Scientific Discipline**
6. Ruth Drucilla Richardson (ed.), **Schleiermacher in Context: Papers from the 1988 International Symposium on Schleiermacher at Herrnhut, the German Democratic Republic**
7. Ruth Drucilla Richardson, **The Role of Women in the Life and Thought of the Early Schleiermacher (1768-1806): An Historical Overview**
8. Friedrich Schleiermacher, **Occasional Thoughts on Universities in the German Sense, With an Appendix Regarding a University Soon to Be Established (1808)**, Terrence N. Tice and Edwina Lawler (trans.)
9. Friedrich Schleiermacher, **On Freedom**, Albert L. Blackwell (trans., annotation and introduction)
10. Friedrich Schleiermacher, **On the Highest Good**, H. Victor Froese (trans., annotation and postscript)
11. Sergio Sorrentino (ed.), **Schleiermacher's Philosophy and the Philosophical Tradition**
12. Iain G. Nicol, **Schleiermacher and Feminism: Sources, Evaluations, and Responses**